Mark Twain

LEBEN IN BILDERN

Herausgegeben von
Dieter Stolz

Mark Twain

Paul Ingendaay

DEUTSCHER KUNSTVERLAG

Inhalt

Delta der Donau

Eine amerikanische Kleinstadt, ein Fluss, die Sonntagsschule. Ein frecher Junge unbestimmten Alters und sein Pfeife rauchender Kumpel, der nichts als Lumpen am Leib trägt und eine tote Katze heranschleppt. Nächtliche Abenteuer. Schaufelraddampfer, so groß wie Paläste. Der erste Kuss. Bestrafungen mit dem Stock. Ein Mann, der auf dem Friedhof erstochen wird. Überall sind Geister unterwegs.

Für welchen Jungen wäre diese Welt, die unter dem Namen St. Petersburg, Missouri, unsterblich wurde, nicht genug? Es gibt keine schöneren Reiche als die der Kindheit und keine dauerhaftere Dankbarkeit als die der Kinder. Die meisten Jugendlichen, egal aus welcher Weltgegend, dürften auf den Schriftsteller Mark Twain eher durch Filme und Adaptionen stoßen als durch seine Bücher. Doch spielt das eine Rolle? Irgendwann im Leben lernen wir den wirklichen Urheber der herrlichen Geschichten kennen. Wundersamerweise sieht er immer viel älter aus als wir selbst: weißer Schnäuzer, wuscheliges weißes Haar, verschmitzt funkelnde Augen, mit vollem Recht der spirituelle Großvater aller *Tom Sawyer & Huckleberry Finn*-Bearbeitungen dieser Erde. Es gibt keine Fotos des ganz jungen Mark Twain. Selbst den Siebzehnjährigen erkennen auf Bildern nur Spezialisten. Dafür ist sein Schreibstil jung geblieben. Als wäre der Mann immer schon da gewesen, vor allen anderen, um jungen Lesern von den düsteren Geheimnissen des Erwachsenwerdens zu erzählen.

Meine erste Begegnung mit dem Mark-Twain-Universum war – generationsbedingt – der TV-Vierteiler aus dem Jahr 1968 mit Roland Demongeot, Marc di Napoli und Lina Carstens als Tante Polly. Noch immer zählen diese sechs Stunden zu den magischen Fernseherlebnissen meiner ersten zehn Lebensjahre. Für die beiden französischen Hauptdarsteller von Tom und Huck blieb es die größte Rolle ihres

Mark Twain.
Foto von Napoleon Sarony, 1894.

R Lewis pinx   Lith Jnst Arnz & Cº Dusseldorf

HANNIBAL, MISSOURI.   HANNIBAL IN MISSOURI.

Lebens. Roland Demongeot, der Tom spielte, verschwand bald in der Versenkung, der jugendliche Marc di Napoli arbeitete immerhin noch mit Claude Chabrol zusammen, stieg aber bald darauf aus und wurde Maler. Regie führte Wolfgang Liebeneiner, der nach ein paar Propagandafilmen für die Nazis und einer von Goebbels verliehenen Ehrenprofessur zu einem der meistbeschäftigten deutschen Nachkriegsregisseure avancierte. Das alles bedeutet: Kulturelle Herkunft ist bei Mark-Twain-Bearbeitungen unwesentlich. Wir haben es mit einem wahrhaft globalen, omnipräsenten Autor zu tun, der Sprach- und Verständnisgrenzen mühelos überspringt. Im Vergleich zur heutigen Skrupellosigkeit beim Umschreiben klassischer literarischer Stoffe erstaunt allerdings die Werktreue der damaligen Fernsehleute. Liebeneiners Twain-Verfilmung bewegt sich zwar mit dem Tempo eines langen, ruhigen Flusses, aber der alte Zauber liegt noch über den Szenen, auch wenn der Sklave Jim unfassbare Muskelpakete mit sich herumträgt und man ihn am liebsten fragen würde, woher er sein Fitnessprogramm hat.

Den wichtigsten Kunstgriff der Bücher, die unnachahmlichen Erzählerstimmen, hütet der Film wie einen Schatz: Man hört originalen Mark Twain, seine lässige, unfromme und absolut alterungsbeständige Sprache. Walter Ulbrich, der für Drehbuch und Produktion der Serie zuständig war, schob den auktorialen Erzähler der *Abenteuer von Tom Sawyer* mit der subjektiven Schnodderigkeit der *Abenteuer von Huckleberry Finn* (hier berichtet Huck selbst) virtuos ineinander, fügte auch noch Passagen aus dem Buch *Leben auf dem Mississippi* ein und verschmirgelte die Nahtstellen. Als Drehort wählte er das Donaudelta in Rumänien, nicht nur, weil das Drehen dort billiger war. Die Donau, fand er, sah einfach mehr nach Mississippi aus als der Mississippi selbst.

Und es funktionierte. Der größte Teil der deutsch-französisch-rumänischen Koproduktion wurde in Fernsehstudios in Bukarest abgedreht. Was es zu bewahren galt, war ein *smalltown America*, wie es in der Literatur bis dahin noch nie gezeigt worden war. Heuchelei, Prätention, Geldgier und Mord »brechen nicht ein« in dieses ramponierte Kleinstadtidyll, sondern haben darin schon immer ihren Platz. Die brutale Welt von Landnahme und Profit, Handel und Menschenhandel enthüllt sich, sobald man nur über einen Zaun späht, sich um Mitternacht am falschen Grab herumtreibt oder den Fuß auf ein herrenloses Boot setzt.

Mark Twain vor dem Haus seiner Kindheit in Hannibal, Missouri, während seines Besuches am 31. Mai 1902. Er beschreibt das Haus in den *Abenteuern von Tom Sawyer* als Toms Wohnhaus.

Hannibal, Missouri. Illustration in: Henry Lewis: *Das Illustrirte Mississippithal, dargestellt in 80 nach der Natur aufgenommenen Ansichten vom Wasserfalle zu St. Anthony an bis zum Golf von Mexico.* Arnz & Comp., Düsseldorf 1857, gegenüber von S. 268.

Mr. Clemens und Mr. Twain

Mark Twain – geboren 1835 als Samuel Langhorne Clemens – wuchs vor der Mitte des 19. Jahrhunderts in so einem Dorf auf. Hannibal, Missouri, gut hundert Meilen nördlich von St. Louis am Mississippi gelegen, war ein schnell expandierender Handelsflecken im Nordteil des amerikanischen Südens, ein vom Sklavenhandel und von Scharmützeln mit Indianern geprägter Vorposten des großen Zugs nach Westen. Für abenteuerselige Jugendliche war hier alles im Angebot: Man sah Pistolen auf offener Straße, es wurde geschrien, gewiehert, geflucht, gespuckt. Trapper verschifften ihre Felle nach New Orleans; Salz, Hanf und Holzstämme wanderten den Fluss hinunter. Später kamen die Schlachthöfe, die Teer-, Leim- und Seifenmacher. Mädchen trugen Schuhe in dieser stinkenden Kleinstadt, in der der Schmier des vergangenen Tages innerhalb von Stunden festgebacken war und in der Sonne dampfte wie ein nasser Teppich; Jungen nicht.

Zwischen dem siebten und siebzehnten Lebensjahr verbrachte Samuel Clemens, der Sohn eines erfolglosen Anwalts und Ladeninhabers, der in zwölf Jahren an fünf verschiedenen Orten neue Existenzen aufbaute und in allen scheiterte, hier die wohl unbeschwerteste Zeit seines Lebens. Seinen Vater hat er angeblich nicht ein einziges Mal lachen sehen, und er war noch längst nicht groß, da holte sich der anständige, aber so strenge und verbissene Mann in einem Unwetter eine Lungenentzündung und starb. Fortan war Samuel sein eigener Herr; der Mutter musste er nur versprechen, nicht zu trinken und nicht zu fluchen. Das würde er auch noch als Erwachsener tun – Versprechungen machen –, nun allerdings per Brief aus fernen Gegenden, nachdem er durch seine Artikel, mehr aber noch durch Bücher und Vorträge längst zum Ernährer der Familie aufgestiegen war. Und immer und überall trank, rauchte und fluchte Samuel Clemens genau so viel, wie es ihm behagte.

Das früheste bekannte Porträt von Mark Twain. Die Daguerreotypie entstand 1850, als Samuel Clemens als Druckerlehrling arbeitete. Weil die Kamera das Bild seitenverkehrt aufnahm, setzte Clemens seinen Namen in Spiegelschrift in einen Winkelhaken, so dass er korrekt zu lesen ist.

Das Geburtshaus Mark Twains in Florida,
Missouri. Foto um 1890.

Zwei afroamerikanische Jungen, aufgenommen vom Fotografen J. R. Shockley,
West Side of Main Street, Hannibal, um
1865.

In der Handelsstadt Hannibal knüpfte er, der Leser von Ritter- und Abenteuerromanen, Freundschaften, die Jahrzehnte überdauern sollten. Er himmelte Schulmädchen an und beging Dummheiten, die manchmal genauso gefährlich waren, wie seine berühmten Bücher es schildern. Einmal holte Sammy, wie die Mutter ihn nannte, sich absichtlich die Masern, indem er zu seinem Kumpel Will ins Bett kroch. Hannibal lebte damals in Angst und Schrecken, denn in den vorausgegangenen Tagen waren bereits ein paar Jungen an der Krankheit gestorben. Doch Sammy, in den ersten Jahren ein kränkliches Kind, um das man sich Sorgen machen musste, überlebte.

Es war eine rauhe, unsichere Existenz voller körperlicher Bedrohungen, besonders für die *underdogs*: die Armen und die Schwarzen. Zwei von Samuels fünf Geschwistern starben in frühen Jahren. Der Härte des Alltags entsprach die Strenge der Moralvorstellungen und der rituellen Benimmpredigten in Kirche und Schule. Es war eine Zeit von Bibeltreue und Vorsehungsglauben, das Gegenteil einer aufgeklärten Gesellschaft, wie wir sie heute verstehen. Vor allem das Schicksal der Schwarzen trägt zum Eindruck überwältigender Bigotterie bei, Clemens selbst hat unbefangen davon erzählt. »In meiner Schulzeit empfand ich keine Abneigung gegen die Sklaverei«, schreibt er in seiner Autobiographie. »Es war mir nicht bewusst, dass etwas daran verkehrt sein könnte. Mir kam nichts dergleichen zu Ohren; die Lokalzeitungen prangerten sie nicht an; von der Kanzel wurde uns beigebracht, dass Gott sie billige, dass sie eine heilige Sache sei und ein Zweifler nur in die Bibel zu schauen brauche, um sein Gemüt zu beruhigen – und um die Angelegenheit abzuschließen, wurden die Texte laut vorgelesen. […] In Hannibal sahen wir nur selten, dass ein Sklave schlecht behandelt wurde, auf der Farm nie.«

Die nahegelegene Farm gehörte dem Onkel. Hier verbrachte der kleine Samuel bei seinen Cousins und in Gesellschaft der Sklavenfamilien seine Ferien. Es sind Monate »voller Zauber«, wie er schreibt. Und er demonstriert es mit leuchtenden Sätzen über die Landschaft, die er von der frühmorgendlichen Jagd kennt: »Ich kann mir das feierliche Zwielicht und das Geheimnis der Wälder ins Gedächtnis rufen, den Geruch von Erde, den schwachen Duft der Wildblumen, den Schimmer von regennassem Laub, das Platschen der Tropfen, wenn der Wind die Bäume schüttelte, das ferne Klopfen der Spechte und das gedämpfte Trommeln der Fasane in der Abgeschiedenheit des Waldes, den flüchtigen Anblick aufgescheuchter wilder Geschöpfe, die durchs Gras huschen […].« Da hat man den besten Mark Twain:

Die Rückkehr des verlorenen Sohnes. Die Einwohner Hannibals umringen Mark Twain (mit Fliege) bei seinem überraschenden Besuch der Stadt im Frühjahr 1902.

Mark Twain und sein Freund und häufiger Begleiter John T. Lewis auf der Quarry Farm in Elmira, dem Wohnsitz der Familie seiner Frau Olivia. Aufgenommen bei Twains letztem Besuch in Elmira 1903. Lewis gilt als eines der Vorbilder für die Figur des Jim in den *Abenteuern des Huckleberry Finn*.

konkret, sinnlich, dem Pathos nicht fern, doch jede Empfindung ist durch präzise Erinnerung verbürgt – ein Staunen machender Blick auf die mächtige Natur, der zu den grandiosen Floß-Passagen in *Huckleberry Finn* führt.

Nicht auf der Farm, doch in Hannibal kam es durchaus zu den »seltenen« Gelegenheiten, von denen Samuel Clemens weiter oben spricht. Einmal sah der Junge, wie ein Sklave von einem Weißen mit einer Eisenkette getötet wurde, ein Gewaltausbruch aus Gereiztheit oder schlechter Laune. »Niemand im Dorf billigte den Mord«, schreibt Twain, »aber niemand sagte viel dazu.«

Das Landschaftsmonument, ohne das Twains Werk nicht vorstellbar wäre, ist der Mississippi. Im trüben Wasser des mächtigsten Stroms des Landes werden die Badespiele lebendig, zu denen Tom Sawyer sich trotz Tante Pollys Verbot davonstiehlt, das Übersetzen zur Jackson-Insel, fast eine Meile vom diesseitigen Ufer entfernt, die Flucht des schwarzen Sklaven Jim mit Huck Finn auf einem Floß, eine Fahrt, die den Reisenden einen Querschnitt durch die Gesellschaft der damaligen Zeit präsentiert, wie Twain sie empfand, und auch dem Leser einen illusionslosen Blick auf das Gemeinwesen Amerika erlaubt. Später wird Samuel Clemens den riesigen Fluss als Lotse von Raddampfern befahren und zwischen St. Louis und New Orleans, über fast zweitausend Kilometer hinweg, seine Windungen und Untiefen memorieren.

Auch seinen jüngeren Bruder Henry überredet er dazu, den Beruf zu erlernen. An einem fatalen Tag im Juni 1858 explodiert auf der *Philadelphia*, mit Henry an Bord, der Kessel; das Schiff sinkt, 150 Menschen verlieren das Leben. Samuel, der wegen eines Streits mit einem anderen Lotsen zufällig einen späteren Dampfer den Fluss hinunter nimmt, um sich in Memphis mit Henry zu treffen, kann seinem knapp neunzehnjährigen Bruder, der schwere Verbrennungen erlitten hat, nur noch in dessen langem Todeskampf beistehen. Es ist die größte Tragödie im bisherigen Leben von Samuel Clemens, und es jagt ihm ein Schuldgefühl in den Leib, das er zwar überspielen, aber nie vergessen kann. »Die Schrecken dreier Tage sind über mich hinweggegangen«, schreibt er seiner Schwester Mollie, als Henrys Leiden vorüber sind. »Sie haben meine Jugend hinweggefegt und aus mir lange vor der Zeit einen alten Mann gemacht.« Er ist 22 Jahre alt.

Es heißt, er sei ein guter Lotse gewesen, wir kennen die Namen von mehr als zehn Schiffen, die man ihm anvertraute. (Der Lotse war

Das 1873 erbaute und als Hafenboot in
Saint Louis eingesetzte Dampfschiff *Mark
Twain*. Es erhielt seinen Namen 1902
anlässlich des Besuchs des Schriftstellers
in der Stadt.

Samuel L. Clemens 1851 oder 1852.

genauso hoch angesehen wie der Kapitän.) Doch der Ausbruch des Bürgerkriegs schneidet 1861 die Handelsrouten auf dem Mississippi ab und legt die Schifffahrt lahm. Den Fünfundzwanzigjährigen beraubt der Konflikt zwischen Nord und Süd eines Jobs, in dem er 250 Dollar im Monat verdiente, »so viel«, vermeldet er stolz, »wie der Vizepräsident der Vereinigten Staaten«.

Sein späteres Schriftstellerpseudonym holt Clemens sich ebenfalls aus dem Reich der Mississippi-Dampfer. Als er sich in Provinzblättern mit humoristischen Skizzen einen Namen gemacht hat, fängt er im Februar 1863 damit an, seine Beiträge mit »Mark Twain« zu zeichnen. Der Ausdruck, den die Schiffer einander zuriefen, bedeutet zweifaches Maß, also zwei Faden (3,60 Meter) Tiefe – der Raum unterhalb der Wasserlinie, den der Dampfer für die gefahrlose Passage braucht. Forscher haben viel in diesen Namen hineingelesen, Clemens selbst auch. »Twain« ist ein altes englisches Wort für *two* und lässt zumindest eine gewisse Dualität des Charakters anklingen, einen Menschen, der beide Seiten einer Sache ins Auge zu fassen vermag, die tiefe und die seichte – wobei sinnigerweise offen bleibt, von welcher der beiden Positionen aus er sie betrachtet. Eine unaufhebbare Ambivalenz schlummert in diesem *pen name* des Satirikers und Humoristen, der für seine Kämpfe die Waffe des Gelächters benutzt. Zugleich waren *quarter twain, half twain, mark twain* auf dem Fluss täglich gebrauchte Wendungen, die man niemandem erklären musste: eine volkstümliche Bedeutung, die diesem volkstümlichsten aller amerikanischen Schriftsteller lieb gewesen sein dürfte.

Spätere Biographen haben »Samuel L. Clemens« und »Mark Twain« – den Privatmann und den öffentlich auftretenden Autor – gegeneinander ausgespielt und die bereitwillig getragene Maske, das Ausagieren einer Rolle als bewusste Aufspaltung der Persönlichkeit gedeutet. Der Autor selbst gibt dazu kaum Fingerzeige. Von den einen ließ er sich »Sam«, von anderen »Mark« nennen, und unterschrieben hat er mit dem einen Namen oder dem anderen, manchmal sogar mit beiden zusammen. 1908, anderthalb Jahre vor seinem Tod, ließ er amtlich die »Mark Twain Company« registrieren und sorgte dafür, dass diese Firma zur alleinigen Inhaberin des Copyrights seiner literarischen Werke und sämtlicher Nutzungsrechte wurde, die mit seiner Figur verbunden waren. Das war nicht der einzige, aber einer der letzten Ausweise seiner Modernität: Als erster Schriftsteller seines Kontinents hatte Samuel L. Clemens für seine Produktion einen Markennamen geschaffen.

THE ADVENTURES OF
TOM SAWYER
By MARK TWAIN

Zwei Jungen, zwei Bücher

In der volkstümlichen Phantasie sind Tom Sawyer und Huckleberry Finn ungleiche Freunde, deren Geschichte in zwei Romanen für Jugendliche erzählt wird: *Tom Sawyers Abenteuer* (1876) und *Huckleberry Finns Abenteuer* (1885). Literaturwissenschaftler allerdings sehen in den beiden Büchern grundverschiedene Welten und Qualitätsstufen: Das erste sei ein Buch für Kinder, das zweite ein Buch für Erwachsene. Tatsächlich gilt *Tom Sawyer* in Seminarräumen als eher unwichtiges Werk, *Huckleberry Finn* dagegen als literarische Gipfelleistung des 19. Jahrhunderts, und sucht man im klassischen amerikanischen Roman nach Konkurrenz, findet man sie allenfalls in Herman Melvilles *Moby-Dick*. Die gebildete Unterscheidung hat sich im Lauf der Zeit auch unter gebildeten Lesern durchgesetzt. Es ist schick geworden, Tom Sawyer als konventionellen Angeber mit allerlei unappetitlichen Gewaltphantasien zu betrachten – und Huckleberry Finn als visionären Rebellen, der die gesellschaftlichen Fesseln seiner Zeit abgestreift und durch seine Solidarität mit dem Sklaven Jim ein utopisches Lebensmodell für Amerika gestiftet habe.

Das stimmt – und zielt dennoch knapp an einer anderen Wahrheit dieser Bücher vorbei. Literaturwissenschaftler vergessen gern, wie sie als Kinder gelesen haben, und wollen von dem Zauber, den eine Lektüre ihnen in Jugendtagen bereitet hat, nichts mehr wissen. Für jene, die sich erinnern, lässt sich *Tom Sawyer* öffnen wie eine Schatztruhe. Mark Twain war sich nicht zu schade, in einer kurzen Vorrede kundzutun, was er von seinem Publikum erhoffte. »Zwar ist mein Buch hauptsächlich zur Unterhaltung von Jungen und Mädchen geschrieben worden«, heißt es dort, »aber ich hoffe, dass es deshalb nicht von Männern und Frauen gemieden wird, denn ich beabsichtige mit diesem Buch unter anderem, Erwachsene freundlich daran zu erinnern, was sie selbst einmal waren, wie sie fühlten und dachten und redeten und welch seltsame Dinge sie manchmal unternahmen.«

The Adventures of Tom Sawyer von Mark Twain. Cover der 1910 bei Harper & Brothers erschienenen, von Worth Brehm illustrierten Ausgabe.

Die Sätze des Autors – das gibt es öfter bei ihm – sind stark untertrieben. Wenig fürchtet er mehr als pompöse Erklärungen. »Wie sie fühlten und dachten und redeten«, darin liegt der poetische Kern dieser autobiographischen Beschwörung, die unverkleidet von der Jugend des Autors in Hannibal, Missouri, erzählt. Twain veränderte aber auch unsere Perspektive auf Jugendliteratur. Heute mag es zum Klischee gehören, dass der *bad boy* als ordnungstörendes Element der Gemeinschaft deren Regeln übertritt, um sie durch seine spätere Wiedereingliederung umso vehementer zu bekräftigen. Doch damals war das noch nicht so. Das *bad boy book*, das der vergessene amerikanische Schriftsteller Thomas Bailey Aldrich mit seinem Roman *The Story of A Bad Boy* im Jahr 1869 eingeführt hatte, wurde durch *Tom Sawyer* als neues literarisches Modell verankert. Die Darstellung des kleinstädtischen Mikrokosmos St. Petersburg, seiner Bewohner und seiner inneren und äußeren Topographie kam für Mark Twain einer Befreiung gleich: Von einem Journalisten, der auch gute Reisebücher produzierte, wurde er zu einem Schriftsteller, der tief in die eigene Lebensgeschichte eintauchte, um seinen bestkomponierten Roman zu schreiben.

Der Prozess war mühsam; Twain verließ sich auf sein Gedächtnis und erzählte immer gerade so weit, wie seine Erinnerung reichte. War »der Tank leer«, wie er es nannte, musste er innehalten und Zeit verstreichen lassen. In der endgültigen Fassung sind die Spuren dieser tastenden Suche getilgt. Die Themen wechseln einander ab, überlappen sich und schaffen ein Gewebe mit mindestens fünf verschiedenen Strängen. Da ist Toms Schul- und Familiengeschichte. Die Liebesgeschichte mit Becky Thatcher. Das Piratenspiel auf der Jackson-Insel. Die Mordtat von Indianer Joe, die vierzehn Kapitel später mit der Gerichtsverhandlung wieder aufgenommen wird. Und ein letzter Strang, der Indianer Joe, die Jagd nach dem Schatz und Toms und Beckys Abenteuer in der Höhle verknüpft.

Aber ich will auch von den Tieren reden. Mark Twain ist hinreißend darin, eine gezwungene Stille – etwa in der Kirche – durch Streiche und grandiosen Unfug zu unterwandern. In diesem Fall nehmen daran teil: Tom, eine Fliege, ein Pudel, eine Ameise, ein Käfer. Später wiederum, mit Huck, disputiert Tom über den Wert einer Zecke. Und noch später – »Kein Blatt regte sich. Kein Laut störte die Andacht der großen Natur.« – erleben wir als Leser, wie morgens die Tierwelt auf der Mississippi-Insel erwacht: der Specht, die grüne Raupe, die Ameisen, der Marienkäfer, der Pillendreher, die Spott-

Mark Twain (Mitte) mit dem Schriftsteller und Journalisten George Alfred Townsend (1841–1914, rechts) und David Gray (1836–1888), dem Herausgeber des *Buffalo Courier Express*, für den auch Mark Twain schrieb. Aufnahme vom 7. Februar 1871.

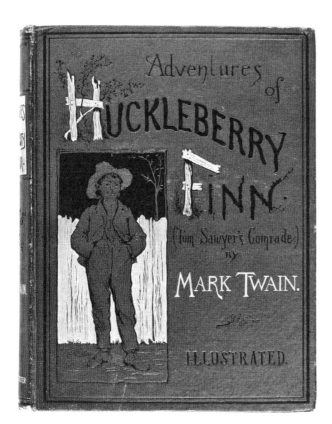

Cover der Erstausgabe von *Adventures of Huckleberry Finn*. Der Roman erschien 1884 in England bei Chatto & Windus, in Amerika 1885 bei Charles L. Webster & Co.

Huckleberry Finn. Frontispiz der 1885 bei Charles L. Webster & Co. in New York publizierten Ausgabe von *Adventures of Huckleberry Finn*. Illustration von Edward Windsor Kemble (1861–1933).

Die Jugendfreunde Mark Twains, die teilweise Pate für seine Buchfiguren standen. Stehend v. l. n. r.: Noval L. Brady (82), Sohn von James Brady, dem ersten Bürgermeister von Hannibal; der Zahnarzt Benjamin Q. Stevens (85) und der Methodist und Bürgerkriegsoffizier John Lewis Robards (84), beides Jugendfreunde aus Hannibal. Sitzend v. l. n. r.: Moses D. Bates (84), Sohn des gleichnamigen Gründers von Hannibal; Elizabeth Frazer (84), Vorbild für Becky Thatcher in *Tom Sawyer* sowie T. G. Dulaney (81). Foto vom 13. Juni 1922.

drossel, der Häher, das graue Eichhörnchen, die Schmetterlinge. Das alles ist von völlig unangestrengter Poesie erfüllt, und Andreas Nohl hat es wunderbar ins Deutsche übersetzt.

Als das Abenteuer in der McDougal-Höhle überstanden ist und Tom eine kleine Expedition in die Gewölbe führt, um nach dem Verbleib von Indianer Joe zu forschen – man findet ihn verhungert, mit dem Gesicht nahe am Spalt der dicken, verschlossenen Tür, die dort kurz zuvor angebracht wurde –, schließt der Erzähler eine kleine Reflexion an. In seiner Verzweiflung hat Indianer Joe einen Stalagmiten abgebrochen und auf den Stumpf einen Stein gestellt, einer Schale gleich, um die Wassertropfen aufzufangen, die alle drei Minuten von dem darüber hängenden Stalagtiten herabfallen – »in vierundzwanzig Stunden ein Teelöffel voll«. Und nun folgt die Überlegung, die den Duktus des Jugendbuchs weit hinter sich lässt. Sie weist schon auf den späteren, verbitterten Mark Twain voraus, der sich über Gott, das Universum, die Zeit und die Geschichte Gedanken macht und keine leichten Antworten mehr findet, um sich über die Unvollkommenheit des Menschen hinwegzutrösten. »Dieser Tropfen«, schreibt er, »fiel bereits, als die Pyramiden noch neu waren, als Troja unterging, als der Grundstein für Rom gelegt wurde, als Christus gekreuzigt wurde, als Wilhelm der Eroberer den Grundstein zum britischen Weltreich legte, als Kolumbus in See stach, als die Nachricht vom Blutbad von Lexington um die Welt ging. Er fällt immer noch und wird noch fallen, wenn all diese Ereignisse im Spätnachmittag der Geschichte und in der Abenddämmerung der Überlieferung versunken und von der tiefdunklen Nacht des Vergessens verschlungen sind. Hat alles einen Zweck und ein Ziel? Ist dieser Tropfen fünftausend Jahre lang geduldig gefallen, um den Durst dieses unbedeutenden menschlichen Insekts zu stillen? Und hat er in den kommenden zehntausend Jahren einen weiteren wichtigen Auftrag zu erfüllen?«

Mark Twains Fragen bleiben offen, dem versöhnlichen Ausgang seines Buches zum Trotz. Neun Jahre später schürft er noch tiefer. Er wollte *Huckleberry Finns Abenteuer* zwar nicht im wörtlichen Sinn als Fortsetzung des ersten Romans verstanden wissen, doch er band die beiden Bücher zusammen, indem er in den ersten Sätzen von *Huckleberry Finn* rekapituliert, wo er in *Tom Sawyer* aufgehört hat – »im Wesentlichen ein wahres Buch«, wie er festhält, »nur mit ein paar Übertreibungen«. Der größte Unterschied liegt in der Erzählperspektive. Im Jahr 1885 erklingt in der amerikanischen Literatur erstmals die Stimme eines Jugendlichen, der redet, wie ihm der

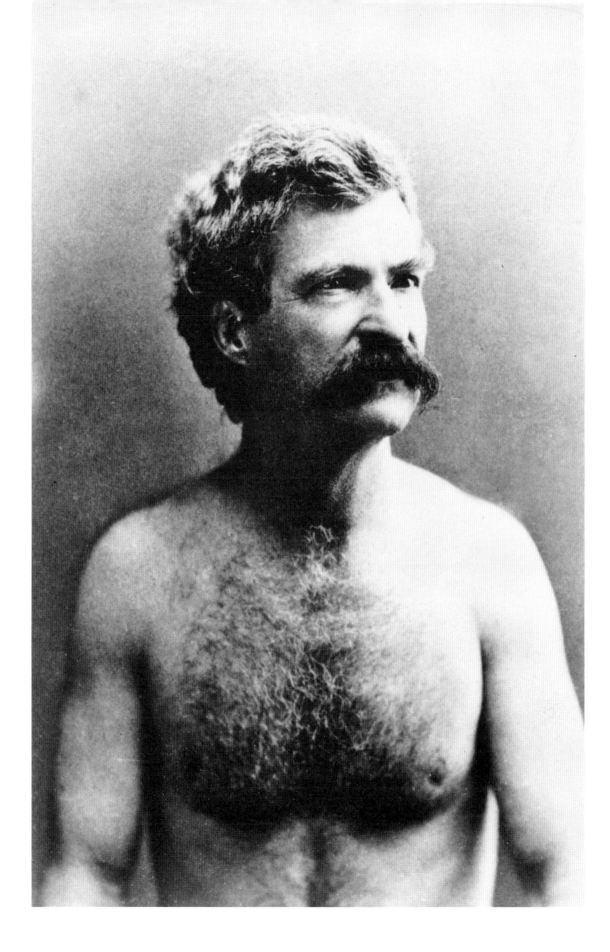

Schnabel gewachsen ist. Damit schafft er es, Sprachkonventionen zu durchbrechen und die moralischen Widersprüche seiner Zeit auszudrücken. Ernest Hemingway sah in diesem Roman den eigentlichen Anfang der amerikanischen Literatur. Sein Kollege William Faulkner empfand Mark Twains Rolle ähnlich prägend. »Wir alle sind seine Erben.« Das enthält einen Anteil Schöpfungsmythos. »Er schrieb, als habe es vor ihm keine Literatur gegeben«, hat der Dramatiker Arthur Miller einmal gesagt. »Als hätte er die Kunst entdeckt, die Geschichte der Leute zu erzählen, die diesen Kontinent bewohnen.«

Und abermals ist der Mississippi ein wichtiger Akteur in diesem Drama. Während der große Fluss in *Tom Sawyer* stillzustehen scheint, weil sich niemand mehr als ein paar Meilen von der Kleinstadt, ihrer Enge und ihrem starren Ethos wegbewegt, fließt er in *Huckleberry Finn* unaufhörlich dahin, hat Tiefe, Weite und Größe: *Ol' Man River*. Der Strom bringt – je nachdem, in welche Richtung man ihn befährt – im Norden die Freiheit, im Süden die Sklaverei. Er trägt in endloser Bewegung die Figuren durch die Romanhandlung, ist Zeuge und Kulisse ihrer Unterredungen, Ursache für Verzweiflung und Ekstase. Am Ende ist der Mississippi die Geschichte selbst, die einen entlaufenen schwarzen Sklaven in etwas anderes führt – aber in was? Diese Antwort konnte Mark Twain nicht geben. Zum Schluss pappt er der Huck-Jim-Geschichte ein reichlich unglaubwürdiges *happy ending* mit Tom Sawyer an, das eigentlich in die Welt der Jungsabenteuer gehört, die *Huckleberry Finn* längst hinter sich gelassen hat. Die symbolische Vater-Sohn-Beziehung zwischen Schwarz und Weiß war weder auszusprechen noch weiterzuführen; sie musste utopisch bleiben.

Huckleberry Finns Abenteuer wurde genau in der Mitte einer fünfzigjährigen Schriftstellerkarriere veröffentlicht und nimmt vom jungen und vom alten Autor jeweils das Beste: von jenem den Humor, von diesem den philosophischen Ernst. Dass es sich mit Abstand um Mark Twains bedeutendstes Buch handelt, lässt sich auch an der begeisterten Gefolgschaft ablesen, die der Roman seit seinem Erscheinen mobilisiert. Doch es gab auch Kontroversen darum. In den Jahren nach der Veröffentlichung entzündeten sie sich zunächst an Hucks derber Sprache und – das wurde nicht immer offen gesagt – an dem Umstand, dass die Hauptfigur einem schwarzen Sklaven zur Flucht verhilft. Mochte die Sklaverei auch offiziell abgeschafft sein, die gesellschaftliche Wirklichkeit sah anders aus. Im Jahr 1885, als der Roman erschien, nahmen die Lynchmorde an Schwarzen sprunghaft zu.

Der Autor sportlich.
Aufnahme vom August 1884.

Lynchszene in Ohio um 1890.

Weil die Dinge waren, wie sie nun einmal waren, ist ein einziger von Hucks Sätzen wohl zur meistzitierten Zeile der amerikanischen Literatur des 19. Jahrhunderts geworden. Die Szene schildert den Augenblick, da der weiße Junge drauf und dran ist, der Kanzelmoralität der Alten zu folgen und Jim seinen Verfolgern auszuliefern. Er hat die denunzierende Botschaft schon geschrieben. Doch dann hält er inne. Und überlegt noch einmal. Und dann – er weiß es ja nicht anders – entscheidet er sich gegen die schlechte Norm. »Na gut«, sagt er, »dann *komm* ich eben in die Hölle!« Und er zerreißt den Brief. *All right, then, I'll go to hell.*

Es ist nicht das Schlechteste, die gesellschaftspolitische Debatte um den Status von Afroamerikanern in den Vereinigten Staaten mit Hilfe eines erstklassigen Romans zu führen. Genau das geschieht bis in unsere Tage. Wollten Bibliothekare des 19. Jahrhunderts Twains Meisterwerk aus moralischen Gründen verbannen, werfen Kritiker dem Roman heute Rassismus vor. Das betrifft nicht nur die Bezeichnung *Nigger*, die lediglich den diskriminierenden Sprachgebrauch der Zeit widerspiegelt, sondern auch die Charakterisierung des Sklaven Jim als großes Kind, das zugleich ein liebender Vater ist, doch paradoxerweise auf seinem langen Weg den Fluss hinauf nicht erwachsen wird.

Der Vorwurf richtet sich nicht gegen den Autor; Twains Sympathien für Schwarze sind und waren bekannt. Er empfand – stellvertretend für sein Land – die moralische Verantwortung, für das erlittene Unrecht der Afroamerikaner einzustehen. (Bei Indianern, wie man in *Tom Sawyer* erkennt, dachte er nicht so.) Doch manche Lehrer im 21. Jahrhundert wollen den Roman trotzdem nicht unterrichten, weil ihre Schüler sich durch die Lektüre gedemütigt und ausgegrenzt fühlen könnten. Natürlich sind das außerliterarische Kriterien; aber das Leben ist kein Literaturseminar, und Lektüren finden in einer realen sozialen Situation statt. Die angedeuteten Kontroversen werden also kaum abklingen, solange es in Amerika gesellschaftliche Ungleichheit gibt. Ebenso aber gilt: Während sich an *Huckleberry Finns Abenteuer* heiße Diskussionen entzünden, wird der Roman immer noch gelesen wie kaum ein anderer – ein Klassiker, der die Kraft zur Provokation bewahrt hat.

Three of the suspected men still in confinement at Aurora.

Mark Twain

Der Reporter auf der Bühne

Man muss sich einen mittellosen jungen Mann in den Vereinigten Staaten gegen Mitte des 19. Jahrhunderts als eine besondere Spezies vorstellen: Die existenzielle Unsicherheit (oder positiv gewendet, die Mobilität) ist für heutige Rentenversicherungsbeitragszahler schlicht unvorstellbar. Aufgrund schwieriger Umstände ist der Mann gezwungen, in verschiedenen Berufen zu arbeiten und sich unablässig von einem Winkel der Landkarte zum anderen zu bewegen. Wo es sich lohnt, bleibt er; locken bessere Aussichten, packt er seine Sachen und zieht weiter. So ein Mann ist Samuel Clemens, für den Arbeitsmigration zur natürlichen Bestimmung wird: ein Südstaatler, der erst nach Westen zieht, dann nach Norden und der schließlich die amerikanische Ostküste erobert. Später würde er in seinem Notizbuch festhalten: »Was ist ein Engländer? Ein Mensch, der Dinge tut, weil sie schon einmal getan wurden.« Und dann: »Was ist ein Amerikaner? Ein Mensch, der Dinge tut, weil sie noch *nicht* getan wurden.« Das Bonmot drückt ihn aus. Mut, Optimismus und Erfindungsreichtum zählen zu seinen hervorstechenden Eigenschaften.

Samuel hatte nur bis zum Alter von zwölf Jahren die Schule besucht und war überaus kritisch gegenüber der denkfaulen, bibelfrommen Auswendiglernkultur seiner Zeit. Nach dem Tod des Vaters wurde er Druckerlehrling – die »Universität der armen Leute«, wie es hieß –, dann Schriftsetzer und schließlich Journalist. In seinem Zug gen Westen schloss er sich zunächst seinem zehn Jahre älteren Bruder Orion an, der Arbeit in Nevada gefunden hatte, doch bald erkannte Samuel Clemens die Beschränktheit der Projekte seines Bruders (der das sprichwörtliche Pech des Vaters geerbt hatte) und machte sich selbstständig. Seine eigenen Unternehmungen waren keine Dummheiten, aber auch nicht immer erfolgreich. In Nevada grub er nach Silber – und holte nichts heraus. Indessen spürte er früh, dass die

Samuel Clemens (Mitte), flankiert von zwei Mitgliedern der Territorial Legislature von Nevada, für die Clemens als Sekretär arbeitete. Links der Abgeordnete William H. Clagett, rechts der Sprecher des Repräsentantenhauses Andrew Jackson Simmons, der zweitweise als Silbergräber tätig war, laut Twain der »fähigste öffentliche Redner der Gegend«. Die Inschrift »Three of the suspected men still in confinement at Aurora.«, die offenbar auf das verlotterte Aussehen der Männer anspielt, ist von Mark Twains Hand. Aufnahme vom Januar 1864.

730. Mexican Mine, Virginia City.

Die Mexikanische Mine in Virginia City.
Aufnahme von 1866.

Goldschürfer in Rockerville, Dakota 1889.
Aufnahme von John C. H. Grabill.

Leute seine Geschichten und Humoresken mochten. Die Lokalzeitungen des Westens waren ein Experimentierfeld für Witz, Ironie, höheren und niedrigeren Blödsinn jeder Art.

Man kann die Bedeutung des Journalismus für Samuel Clemens kaum überschätzen. Mit dem Setzen und Drucken, dem Lesen und Redigieren und schließlich dem Schreiben von Wörtern verbrachte er 25 Jahre, bevor er seinen ersten Roman veröffentlichte. Zeitungen waren seine Literaturwerkstatt. Als Autor versuchte er sich in allen Genres, als Erzähler, Leitartikler, Polizeireporter, Witzeschreiber. Gab es keine Nachrichten, erfand er welche und nahm damit die vornehmste Aufgabe des Romanschriftstellers vorweg, nämlich die Wirklichkeit aus der Phantasie zu gewinnen.

Das begann in Hannibal, seinem Heimatort, setzte sich in Keokuk (Iowa) und Virginia City (Nevada) fort und führte ihn nach New Orleans, San Francisco, Sacramento, Cincinnati, Philadelphia und New York. Eine einzige Geschichte, *Der berühmte Springfrosch von Calaveras*, verschaffte »Mark Twain« an der Westküste einen Namen, bevor er dreißig wurde, und fand ein Jahr später den Weg an die Ostküste, in einem Magazinartikel voller Druckfehler und Schlampigkeiten, den der beschämte Autor – sein *pen name* erschien als »Mike Swain« – am liebsten eingestampft hätte. Stolz jedenfalls ist seine Sache nicht. »Ich war Literat, aber das war auch schon alles – ein begrabener Literat; lebendig begraben«, schreibt er in typischer Übertreibungsmanier. Das ist nicht nur Komödie. Bis zu seinem Tod wird er mit der Selbstfeier des erfolgreichen Autors wenig anfangen können und lieber den groben, halbgebildeten Yankee spielen. Nicht nur vor seinen Landsleuten; auch im Ausland.

Nach einem viermonatigen Aufenthalt auf Hawaii und den Sandwich-Inseln, über den er als Korrespondent für die *Sacramento Union* berichtet hatte, schlug ein Bekannter ihm vor, sein Glück als Vortragsredner zu versuchen. Twain hatte schon öfter mit Erfolg größere Gesellschaften unterhalten, sein schleppender Missouri-Akzent, die ungerührte Miene und der unbewegliche Mund unter dem dichten Schnurrbart waren lokale Markenzeichen. Dass der Redner sich nicht von seinem eigenen Witz anstecken lassen darf, war ihm bewusst geworden, als er Jahre zuvor die Vorträge des bekannten Westküsten-Humoristen Artemus Ward gehört hatte. Man empfahl ihm, den größten Saal in San Francisco zu mieten und einen Dollar Eintritt zu verlangen. Twain lieh sich Geld, schaltete Zeitungsanzeigen

Postkutsche vor dem Wells, Fargo & Co. Express Office in Virginia City, 1866. »Geld gab es wie Sand am Meer«, heißt es in *Durch dick und dünn* über Twains Zeiten in Virginia, »alle fühlten sich reich, und nirgendwo waren traurige Mienen zu sehen. [...] Die Konjunktur stand in herrlicher Blüte!«

F. Gilbert's Melodeon in San Francisco, das Twain gelegentlich besuchte. Das Gebäude beherbergte einen Saloon, einen Zigarrenladen und ein Theater, das »Freiheit von zwanghafter Etikette« versprach und in dem genau jene turbulenten Bühnenshows gezeigt wurden, auf die die oberen Fenster hindeuten.

und entwarf für den 2. Oktober 1866 in der Academy of Music – mit Platz für mehr als 1.500 Zuhörer – eine rhetorisch verspielte Ankündigung, die berühmt geworden ist. Sie nimmt schon die Haltung des Redners und dessen einmalige Begabung für Selbstironie vorweg: »Ein hervorragendes Orchester ist in der Stadt, wurde aber nicht engagiert«, heißt es da. »Ein großartiges Feuerwerk wurde erwogen, doch die Idee wurde wieder fallengelassen.« Und am Ende: »Doors open at 7 o'clock. The Trouble to begin at 8 o'clock.«

Trouble, das war das passende Wort. Hinter der komischen Formulierung verbarg sich Twains durchaus reale Sorge, der Abend könne danebengehen. In den Stunden zuvor verspürte der Redner fürchterliches Lampenfieber, zum letzten Mal im Leben, wie er später schrieb. Um 16 Uhr ging er zum Kartenhäuschen, doch das Kartenhäuschen war geschlossen. Um 18 Uhr stahl er sich durch den Hintereingang ins Gebäude, geisterte über die leere Bühne, schaute in den verwaisten Zuschauerraum und malte sich aus, wie es wäre, wenn niemand käme. Doch um 20 Uhr war der Laden voll. Das 78. Kapitel von *Durch dick und dünn* erzählt von den Versuchen des Redners, die Reaktionen des Publikums zu deuten. Manchmal, so spürt er auf der Bühne, wird selbst Ernsthaftes humoristisch aufgefasst und löst haltloses Gelächter aus. In diesen Fällen ist der Entertainer gut beraten, nicht einzugreifen, sondern den Rückenwind zu nutzen. Mark Twain lernt in diesen angstvoll erwarteten Minuten viel. Er begreift, wie schnell seine Aufregung verfliegt und dass er sich auf seine Intuition verlassen kann. Sein Vortrag kam nicht nur gut an, er brachte das Publikum zum Brüllen. Man kann nicht behaupten, dass Twain erst in diesem Augenblick sein Bühnentalent entdeckt hätte, doch nach dem Abend in der Music Academy fühlte er sich berechtigt, aus seiner Begabung einen Karriereweg zu machen. Der bekannte Journalist und angehende Schriftsteller hatte sich auf einen Schlag in einen gefragten *lecturer* verwandelt.

Die größte Schwierigkeit, Mark Twain zu erfassen, besteht in seiner Vielseitigkeit, und das lässt sich mehr als hundert Jahre nach seinem Tod mit noch größerer Berechtigung sagen. Literaturleser in aller Welt mögen vielleicht keinen Grund sehen, sich für seine Vortragskunst zu interessieren, sie haben ja die Bücher; doch es steht außer Frage, dass seine Bühnenkarriere nicht nur den Kurs seines Lebens verändert, sondern auch sein Schreiben beeinflusst und in bestimmten Facetten geschärft hat. Der wichtigste Faktor dabei ist die Oralität. Niemand vor Mark Twain hat den *gesprochenen*, aus

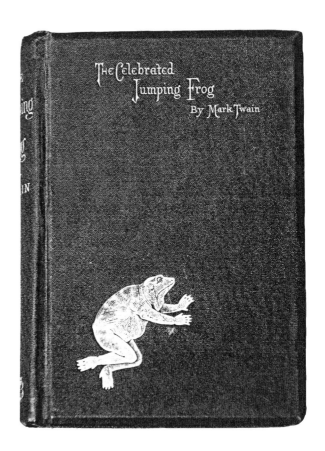

spontaner Rede entspringenden Reichtum des Amerikanischen mit solchem Witz und in vergleichbarer Nuancierung in – vorgetragene und geschriebene – Literatur verwandelt. Publikumsnähe, Sinn für Spannung und Pausen, Gespür für die Pointe und der absolut bindende Imperativ, die Leute als Unterhalter im Griff zu haben: Das klingt nicht nur wie aus dem Brevier des *standup comedian*, sondern nach dem Handbuch des Unterhaltungsgewerbes selbst. Stärker als jeder andere Literat seines Landes hat Mark Twain sein Schreiben als Bündnis mit dem Leser empfunden, das ihn dazu verpflichtete, seine Kunst immer wieder dem Popularitätstest zu unterziehen.

Einer der wichtigsten Einflüsse auf den späteren Schriftsteller war Uncle Dan'l, ein Sklave von Anfang vierzig auf der Farm des Onkels in Florida, Mississippi, mutmaßlich der Erzeuger aller dort umherlaufenden schwarzen Kinder und unerschöpfliche Quelle von Legenden, Bibel- und Spukgeschichten. Dank Uncle Dan'l nahm der kleine Sam die Töne und Schwingungen des schwarzen Amerikanisch auf, erlebte die Verführungskraft mündlicher Rede und spürte, wie sich das Publikum – *jedes* Publikum – gespannt wie eine Feder dem Vortragenden entgegendrängt. Deshalb stattet der Autor Mark Twain seinen Helden Tom Sawyer mit einem Hang zum Exhibitionistischen aus. Toms Neigung zu Theatralik und Bühneneffekten bringt ihn öfter in Gefahr oder droht, sinnvolle Unternehmungen ins Absurde kippen zu lassen: egal. Nichts geht ihm über das bewundernde Staunen der Zuschauer. Das spiegelt sich in der Romanform. Viele Szenen in *Tom Sawyers Abenteuer* sind als Sketche angelegt und machen die Handlung zu einer Abfolge von Mini-Dramen. Selbst Huckleberry Finn, der von zivilisatorischen Übeln kaum berührte Naturbursche, übernimmt ein paar von Toms theatralischen Fähigkeiten. Und nicht von ungefähr erzählt ein substanzieller Teil des Romans *Huckleberry Finns Abenteuer* von einem Duo reisender Trickbetrüger, dem »Herzog« und dem »König«, die ihr Publikum im selben Zug mit Verkleidungsspielen unterhalten und erbarmungslos ausnehmen. Die Welt ist eine Bühne. Und die Welt will betrogen werden.

In den dreißig Jahren zwischen dem ermutigenden Abend in der Music Academy 1866 und dem Ende seiner Welttournee 1896 hat Mark Twain etwa tausend Vorträge gehalten; der weitaus größte Teil davon wurde (teils fürstlich) bezahlt. Im Lauf der Jahre entwickelte sich das Vortragspult zum Marketinginstrument, das den Büchern zugute kam, während die Bücher ihrerseits Werbung für den Redner betrieben. Hätte er kein einziges literarisches Werk veröffentlicht,

»American Humour«. Radierung von Frederick Waddy in *Once a Week* vom 14. Dezember 1872, S. 519.

Das Cover von Mark Twains erstem, 1867 erschienenem Buch *The Celebrated Jumping Frog of Calaveras County, and Other Sketches.*

Das Hotel Angels in Calaveras County, Kalifornien, wo Mark Twain *The Celebrated Jumping Frog* schrieb.

"MARK TWAIN,"
AMERICA'S BEST HUMORIST.

wäre uns dennoch der Name dieses Vortragskünstlers überliefert worden. Für zwei triumphale Touren durch England verpflichtete er als Manager George Dolby, der zuvor Charles Dickens' (ebenfalls triumphale) Lesereise durch die Vereinigten Staaten organisiert hatte. Berichten zufolge hielten Twains Abende die Balance zwischen sorgfältiger Vorbereitung (deren Aufwand das Publikum nicht spürte, weil alles spontan wirkte) und hoher Improvisationskunst. Diese nutzte den geschriebenen Text, den es im Hintergrund gab, bestenfalls als Trampolin für mimisch-rhetorische Höhenflüge. Die freie Rede, das Erzählen, das humorvolle Garnspinnen des Mannes, der so viele Jahre an den Grenzen der amerikanischen Zivilisation verbracht hatte, nahmen seine Zuhörer gefangen, und es dauerte nicht lange, da füllte sein Ruf große Theatersäle.

Anfangs allerdings mischte sich auch Kritik in die Begeisterung über Twains Vorträge. Nach Meinung ernsthafter Gemüter vermittelte der Autor zu wenig Wissen. Die reisenden Vortragskünstler der Zeit wurden oft von Büchereien und Bildungseinrichtungen verpflichtet und agierten im unausgesprochenen Auftrag der Lyzeums-Bewegung, die dem chronischen Bildungsmangel auf dem Land seit den 1820er Jahren durch außerschulische Initiativen abzuhelfen versuchte. Doch die kritischen Stimmen verstummten schnell, denn Twain schaffte es, das Verständnis von »Bildung« selbst zu verändern. Vermutlich, ohne es beabsichtigt zu haben, erhob er den vorurteilslosen, nur von praktischer Lebenserfahrung geleiteten Zeitgenossen zur Hauptfigur seiner Vorträge, und es gab kaum einen Zuhörer, der dieses Porträt nicht als Hommage an den tatkräftigen, von europäischer Dekadenz und Erschlaffung unbeeindruckten Amerikaner aufgefasst hätte. Lange vor seinem Erfolg als Schriftsteller begann der Flirt des Publikums mit Mark Twain, dem unbekümmerten Redner.

Dergleichen öffentliche, für die meisten Autoren undenkbare und atypische Rollen finden zwar mitten in der gelebten Kulturgeschichte eines Landes statt, bleiben der Nachwelt aber nicht immer im Gedächtnis; am wenigsten dann, wenn es von den Auftritten keine Tonaufnahmen gibt. Auch hier stellt Mark Twain im 19. Jahrhundert eine Ausnahme dar, und sei es nur, weil ein junger amerikanischer Schauspieler ein Bühnenprogramm konzipierte, das den tiefen Abgrund an Zeit zwischen dem Verstummen des Vortragskünstlers und der Gegenwart der Mediengesellschaft überbrücken half. Im April 1959 debütierte Hal Holbrook im Forty-first Street Theatre in New York mit seiner Soloshow *Mark Twain Tonight*. In einem anderthalb Stun-

»Mark Twain, America's Best Humorist«. Lithographie von Mayer, Merkel & Ottmann, New York, nach einer Karikatur von Joseph Ferdinand Keppler (1838–1894). Erschienen im *Puck* vom 16. Dezember 1885.

den langen Monolog verkörperte er den Autor als Vortragsredner, im weißen Anzug, mit wilder weißer Mähne und der unvermeidlichen Zigarre in der Hand. Die vom Maskenbildner wirkungsvoll unterstützte Anverwandlung hatte enormen Erfolg und wurde am Broadway und auf anderen Bühnen des Landes mehr als ein halbes Jahrhundert lang gegeben. Natürlich existiert die Show auch auf DVD. Der Schauspieler wusste, was er an Mark Twain hatte; würdevoll alterte er mit seiner Rolle. Selbst im dritten Jahrtausend trat Hal Holbrook – inzwischen längst jenseits der achtzig und damit älter, als Mark Twain geworden war – mit seiner Solonummer auf.

Maguire's Opera House (Maguire's Academy of Music), wo Twains Bühnendebüt stattfand.

Mark Twains Annonce für seinen ersten Auftritt als Vortragender. In *Durch dick und dünn* heißt es über das Echo seiner Darbietung: »Die Zeitungen am nächsten Morgen waren alle freundlich; mein Appetit kehrte zurück, ich hatte haufenweise Geld. Ende gut, alles gut.«

Der Schauspieler Hal Holbrook bei seiner Verwandlung in Mark Twain für seine Ein-Mann-Bühnenshow *Mark Twain Tonight*. Aufnahme vom Februar 1976.

Arglos im Ausland

Die zweite Jahreshälfte 1867 sollte Mark Twain Gelegenheit bieten, sich noch intensiver als Undercover-Aufklärungsagent zu betätigen. Mit dem Renommee als Reporter, der seine Beobachtungen gern in »Briefe« kleidete, durfte er für die Zeitung *Alta California* an einer neuartigen Expedition teilnehmen, der ersten Vergnügungskreuzfahrt amerikanischer Touristen nach Europa. Die gut fünfmonatige Reise veränderte Twains Leben. Sie schenkte ihm eine literarische Form von revolutionärer Neuheit – das humoristische *travel book* – und seinen ersten Buchbestseller, *Die Arglosen im Ausland (The Innocents Abroad)*. Der amerikanischen Literatur bescherte der Trip von New York ins Heilige Land, nach Ägypten und in die europäischen Mittelmeerländer das bestverkaufte Reisebuch des 19. Jahrhunderts.

Spaß hat er ihm wohl auch gemacht. Gut siebzig Personen nahmen an der Kreuzfahrt auf dem 1900-Tonnen-Dampfschiff *Quaker City* teil, die Tickets waren teuer, und selbst wenn am Ende noch ein paar Prominente absprangen, war den Verbleibenden – die meisten von ihnen durchaus frommen Sinns – sehr wohl bewusst, etwas Außergewöhnliches zu erleben. Die Briefe, die der Korrespondent an Bord nach San Francisco kabelte, hatten es in sich. Sie lieferten mehr als Reiseskizzen und Bildungseindrücke – sie unterwanderten die Idee der Bildungsreise selbst. Oft verstehen Touristen ja nicht, was sie bewundern sollen, und folgen den Anweisungen der Reiseführer oder dem abstrakten Ideal der *Grand Tour*, das wohlhabenden Amerikanern des 19. Jahrhunderts ihr obligatorisches Bildungserlebnis mit Erweckungscharakter schenkte. Nicht so bei Mark Twain. Der Berichterstatter weigert sich beharrlich, ergriffen zu sein; er beobachtet lieber den Beobachter als das Beobachtete – also den Touristen, nicht die berühmte Skulptur. Leonardos *Letztes Abendmahl* etwa beeindruckt ihn nicht im mindesten, die Blätter der eifrigen Kopisten zu

Mark Twain im April 1868.

842 Panorama de Jérusalem, du clocher S¹-Sauveur N° 1. — Panorama of Jerusalem from the belfry of church S¹-Sauveur

Füßen des großen Werks dagegen umso mehr. Indem er die europäischen Kulturschätze naiv betrachtet, entgeht er ihrem Pathos, ignoriert ihre geschichtliche Last und deckt die burleske Seite des touristischen Konsums auf: das Lächerliche blinden Einverstandenseins.

So wird er zum komischen, coolen Feuilletonisten und unbeugsamen Verfechter einer Subjektivität, zu der anderen der Mut fehlt. (Dass er damit auch die Borniertheit und kulturelle Knopfäugigkeit künftiger amerikanischer Touristengenerationen sanktioniert, die nicht seinen subversiven Blick besitzen, wollen wir ihm nicht vorwerfen.) Eine Zeile über das Heilige Land aus seinem Notizbuch verdient es, im Original zitiert zu werden: »Christ been here once – will never come again.« Respektlosigkeit und ins Absurde gesteigerte Verdrehungen sind das Stilmerkmal seiner Briefe, Fiktion tritt neben die Reportage und wird von ihr ununterscheidbar. Die Lieferungen an das amerikanische Publikum, die er für die Buchveröffentlichung *Die Arglosen im Ausland* gründlich überarbeitet und erweitert, enthalten auch eine politische Botschaft. Kritisch und mit chauvinistischem Unterton kommentiert Mark Twain die gesellschaftlichen Umgangsformen im alten Europa und im Nahen Osten, den Schmutz, die Unfähigkeit der Behörden und andere Unannehmlichkeiten. Der Emissär einer jungen demokratischen Nation betätigt sich als staatskundlicher Oberlehrer, doch er betreibt die Entzauberung Europas in so leichtfüßiger Plauderlaune und so sichtbar mit der Narrenkappe auf dem Kopf, dass sein Buch bald nach der amerikanischen Ausgabe 1869 seine erfolgreiche Reise durch die Welt antritt.

Auf der Schiffsreise lernt Mark Twain einen jungen Mann kennen, der ihm auf einem Medaillon das Foto seiner Schwester zeigt. Twain verguckt sich in das Bild, und als er viele Monate später die dort abgebildete junge Frau kennenlernt, verliebt er sich noch einmal. Olivia (»Livy«) Langdon, zehn Jahre jünger als Clemens, entstammt einer wohlhabenden Familie aus Elmira, New York, die im Kohle- und Holzhandel prosperiert hat. Ihre Gesundheit ist brüchig; mit sechzehn ist sie beim Eislaufen gestürzt und muss zwei Jahre in liegender Position verbringen; die Heilung scheint wundersame Züge getragen zu haben. Die seelische Konstellation zwischen dem welterfahrenen, aber immer noch ungehobelten Journalisten und dem großbürgerlichen Töchterchen ist unschwer zu entziffern: Twain sucht Liebe, Stabilität, auch spirituelle Führung bei der kleinen, willensstarken Livy. Es dauert eine Weile, bis die junge Frau die Hingabe des rauhen Burschen mit dem Missouri-Akzent erwidert, aber als es soweit ist,

ist alles entschieden. *For life*. Der Vater des Mädchens benötigt keine Charakterzeugnisse über Samuel Clemens (die dieser auch nicht vorweisen kann); er vertraut seinem eigenen Urteil und öffnet ihm sein Haus.

Schon in der Verlobungsphase betätigt Olivia sich als Lektorin. *Die Arglosen im Ausland*, den künftigen Bestseller, sieht sie gewissenhaft durch. Und auch in den nächsten drei Jahrzehnten bekommt Livy die Manuskripte ihres Mannes stets als Erste zu lesen (wenn die Tagesproduktion nicht schon abends im Familienkreis vorgetragen wird) und übt ein strenges Richteramt darüber aus: Flüche, unanständige Ausdrücke und allzu gottloses Gerede fallen ihrem Stift zum Opfer. Die bisweilen holperige Grammatik wird korrigiert. Stilistische Perlen werden der Literaturgeschichte durch das subtile Zusammenspiel zwischen Autor und häuslicher Zensurbehörde nicht entgangen sein. Mark Twain war ein selbstbewusster Autor, der nur strich, was er wirklich streichen wollte. Er akzeptierte seine Frau als Probeleserin in Vertretung des amerikanischen Publikums, denn er wusste so gut wie sie, dass seine Bücher einen sorgfältig kalkulierten Kurs halten mussten, um breite Leserschichten zu erreichen.

»Wo sie war, da war das Paradies«, schreibt der siebzigjährige Mark Twain ein Jahr nach Livys Tod in der Erzählung »Evas Tagebuch« (1905). Er muss den Satz nicht expliziter machen. Die Hommage gilt seiner Frau, Freundin, Begleiterin, Ratgeberin, Mentorin, Lektorin und der Mutter seiner vier Kinder, kurz: dem Fixpunkt seines rastlosen Lebens. Um ihretwillen bemüht er sich sogar – erfolglos –, das Rauchen und Trinken aufzugeben und beschäftigt sich – ebenfalls erfolglos, wenn man in konventionellen Seelenheilkategorien denkt – noch einmal mit dem Glauben, den er längst hinter sich gelassen hat. Sein Respekt vor ihrer Religiosität ist immens und bewegt sich auf Zehenspitzen, doch ebenso leise und nicht minder entschlossen schleicht sich der Skeptiker Samuel Clemens immer wieder aus ihren Ermahnungen und allzu engen Religionsbindungen heraus. Zeit seines Lebens wird er es lieben, über Gott, den Teufel, den Himmel und religiöse Dogmen zu philosophieren, und ein gar nicht so kleiner, für die meisten Leser allerdings unerheblicher Teil seines erzählerisch-essayistischen Werks legt davon Zeugnis ab: »Auszüge aus Adams Tagebuch«, »Der Platz des Menschen im Tierreich«, »War es der Himmel? Oder die Hölle?«, die postume Geschichte »Chronik des jungen Satan« oder sein Buch *Christian Science* (1899), eine sprach- und diskurskritische Polemik gegen die umstrittene Christian-

Das Areal der Weltausstellung 1867 in Paris, die Mark Twain besucht hat. Handkolorierte Lithographie von Eugène Ciceri, erschienen in Paris und Berlin im Verlag von Coupil & Co.

Westliche Reisegesellschaft in Ägypten, im Hintergrund eine Pyramide und die Sphinx von Gizeh. Foto um 1870.

William Dean Howells. Aufnahme von 1903.

Joseph Hopkins Twichell und Mark Twain
1905. Foto von Jean Clemens.

Science-Begründerin Mary Baker Eddy. Während er als Aufklärer über religiösen Humbug in Rage gerät und Hiebe gegen die Mächte des Obskurantismus austeilt, umgibt er sich andererseits mit weltoffenen Klerikern, die er in Dispute zieht, und mit einem von ihnen, Joseph Hopkins Twichell (1838–1918), der ihn und Olivia traut, schließt er lebenslange Freundschaft.

Die wichtigsten Männerfreundschaften Mark Twains lassen sich deutlich voneinander getrennten Bereichen zuordnen. Twichell ist der Mann fürs Spirituelle, der Wandergefährte im Schwarzwald und vermutlich intimste Gesprächspartner des Autors für die Dinge des Herzens. Auf literarischem Gebiet dagegen gibt es kein engeres Bündnis als das mit William Dean Howells (1837–1920), dem Schriftsteller, einflussreichen Kritiker und Redakteur (und späteren Chefredakteur) des *Atlantic Monthly*. Es ist Howells, der in seiner Rezension von *Die Arglosen im Ausland* das Ostküstenestablishment auf die neue literarische Stimme aufmerksam macht und auch die Bedeutung von *Tom Sawyers Abenteuer* erkennt, Howells, der Twains Werk dreißig Jahre hindurch mit Artikeln und Rezensionen begleitet – und der gleich nach dem Tod des Freundes mit *My Mark Twain* (1910) eines der schönsten Erinnerungsbücher veröffentlicht. Twain sei »der Lincoln unserer Literatur«, dieser Howells-Satz hat die Schranken zur Bücherewigkeit längst passiert und fehlt in keiner Biographie. Auch in Bezug auf Twains Stil traf der Freund ins Schwarze. Mr. Clemens sei der erste Schriftsteller, »der in zusammenhängendem Schreiben die Methode benutzt, die wir alle beim Denken benutzen« – der ein Ding hinschreibe, ohne sich darum zu scheren, was davor und danach komme. Man könnte auch von assoziativer Sprunghaftigkeit sprechen, dem Verzicht auf die habituelle Disziplinierung der Prosa um der logischen Abfolge willen. Twains scheinbares Sammelsurium von Ideensplittern übte durch Spontaneität und Frische starken Reiz auf Howells aus. Intuitiv erfasste er, was bis heute als Gütesiegel von Mark Twains Prosa gilt: Sie ist jung. Sie liest sich wie eben erst entworfen, meidet tönende Renommierbegriffe und ist von wunderbarer Schlichtheit. Mark Twain war der entschlossene Vereinfacher der amerikanischen Literatursprache und der Totengräber ihrer Klischees.

Jagd auf die Massen

Mit einer eigentümlichen Mischung aus Wärme und Ehrfurcht schildert Howells das Ehebündnis zwischen Samuel Clemens und Olivia Langdon. Sie, die in Wohlstand aufgewachsene junge Frau mit gewissen »ladyhood limitations« (Howells) in Bezug auf Konvention und Etikette, verschreibt sich den Pflichten der Autorengattin, verströmt Liebe und Güte mit vollen Händen. Der erste Sohn, Langdon, stirbt 1872 mit zwei Jahren. Im selben Jahr wird Susy geboren, gefolgt von den Töchtern Clara (1874) und Jean (1880). Doch robust ist die Mutter seit ihrer Jugendkrankheit nie gewesen. Dass sie Kinder bekommt, die zahlreichen Gäste bewirtet und ihrem Mann den Rücken freihält, mag schon zu viel gewesen sein, zu schweigen von den Reisen und Umzügen der späteren Jahre. Livy reibt sich dabei auf.

Die gut anderthalb Jahrzehnte nach der Hochzeit – von 1870 bis 1886 – gelten als Twains glücklichste Zeit; künstlerisch ist es seine produktivste, und würde alles vorher und nachher Geschriebene in seinem Werk fehlen, nähme sein Renommee keinen nennenswerten Schaden. Dem erfolgreichen Reisebuch *Die Arglosen im Ausland* lässt er 1872 einen Bericht über seine Exkursionen in den amerikanischen Westen folgen, *Durch dick und dünn* (*Roughing It*). Das Buch benutzt einen ähnlichen Ton, durchmischt auf bewährte Weise die Gattungen und verkauft sich ebenfalls glänzend. Hohe Redehonorare polstern den plötzlichen Wohlstand. Mark Twain wird zu einer Berühmtheit. Für seinen ersten bezahlten Auftritt auf dem Podium hat er 400 Dollar kassiert – um das heutige Äquivalent in Euro zu ermitteln, sollte man den Betrag mit mindestens 15 multiplizieren –, und er festigt seinen Ruf durch noch höhere Honorare und straff organisierte Vortragstourneen.

Die Schriftstellerkarriere dieses Mannes aus dem Volk unterschied sich in einem wesentlichen Punkt vom damals üblichen Muster. Seine

Mark Twains Ehefrau Olivia Langdon. Das Foto stammt von 1872, dem Jahr, in dem Twains Tochter Olivia Susan (Susy) geboren wurde und sein Sohn Langdon starb.

CLARA CLEMENS 778-13

Bücher wurden nicht in der Buchhandlung verkauft, sondern im Subskriptionssystem vertrieben: Gedruckt wurden sie erst, wenn durch Vorbestellungen die Abnahme einer Mindestauflage garantiert war. Um die Order kümmerten sich Drücker, die mit aufwendig gestalteten Prospekten von Tür zu Tür gingen. Der mürrische Farmer, meistens aber die misstrauische Hausfrau durfte sich das Cover, das Inhaltsverzeichnis und ein paar ausgewählte Illustrationen des angekündigten Buches ansehen, um in Ruhe die Entscheidung zu treffen. Auch Einband und Bindung konnten gewählt werden. Hatten die Vertreter genug Bestellungen zusammen, ging das Werk in Druck und wurde dem Kunden nach Fertigstellung ins Haus gebracht.

Literaten, die auf sich hielten, wollten mit dieser Variante der Buchindustrie nichts zu tun haben, sie galt als vulgär und ranschmeißerisch. Verständlich, dass sich unter den damaligen Subskriptionsautoren weder ein Ralph Waldo Emerson (dessen Zuhörerzahlen Mark Twain bei Live-Auftritten bereits übertraf) noch Vertreter der Ostküsten-Elite wie Henry James oder William Dean Howells fanden. Nein, hier traf man einen ganz anderen Typus: Verfasser von Ratgebern, Erbauungskompilationen und populären Darstellungen des Amerikanischen Bürgerkriegs, Werke, die als Hausbuch für die Ungewaschenen taugten. Zahlreiche Veteranen und Kriegsversehrte betätigten sich als Buchagenten in der Provinz; weil der Krieg und seine Folgen immer noch die Phantasien sowie im ganz materiellen Sinn die Existenz der ländlichen Bevölkerung beherrschten, traute man den eben erst der Uniform entschlüpften Männern zu, die Wahrhaftigkeit der Darstellung persönlich beglaubigen zu können.

Weil Samuel Clemens' Werdegang von Anfang an ein Kampf um soziale Anerkennung und finanziellen Erfolg gewesen war, hatte er nicht gezögert, seine ersten Bücher einem Subskriptionsverlag zu überlassen. Und er fuhr gut damit. Alle seine Bücher im 19. Jahrhundert erschienen auf diese Weise. Ermutigt durch die stattlichen Verkaufszahlen, gründete er später seinen eigenen Verlag, Charles L. Webster and Company, um *Huckleberry Finns Abenteuer* (1885) und *Ein Yankee an König Artus' Hof* (1889) herauszubringen. Weil die ländliche Bevölkerung etwas für ihr Geld haben wollte, mussten die Bände einen Umfang von 600 Seiten bieten und reichlich Illustrationen enthalten. Das erklärt, warum Twains Reisebücher gelegentlich so einen unebenen, zusammengeflickten und ausgestopften Eindruck machen. Der Autor griff nicht nur auf altes, schon in Zeitungen publiziertes Material zurück, sondern sah sich öfter ge-

Die Familie Clemens 1884 auf der Veranda ihres Hauses in Hartford. Von links nach rechts: Clara, Sam, Jean, Livy, Susy.

Mark Twains Tochter Clara Clemens (1874–1962). Aufnahme um 1908.

»The Author's Memories«. Frontispiz des 1880 erschienenen Reisebuchs *A Tramp Abroad*. »In seinem Zimmer herrschte der größte Wirrwarr, den man sich vorstellen kann; auf dem Schreibtisch, der eine förmliche Sehenswürdigkeit war, lag alles durcheinander, neben alten Manuskripten standen nicht selten alte Stiefel. Beim Schreiben legte er das Papier nie auf den Tisch, dazu gab es keinen Raum, auch hätte die aufrechte Stellung ihm nicht behagt. Die Füße auf einem Haufen Manuskripte, den Stuhl nach hinten übergekippt, Notizbuch und Bleistift in der Hand – so war er gewohnt zu arbeiten.« (»Die Lebensgeschichte Mark Twains«. In: *Mark Twain's ausgewählte Humoristische Schriften*. Band VI. Robert Lutz, Stuttgart 1895, S. 265).

MARK TWAIN ORCHESTRELLE HANNIBAL, MO.

zwungen, eine Menge frischer Seiten zu produzieren, um auf den erforderlichen Umfang zu kommen. Das verstärkte seine Neigung zu Abschweifungen und anekdotischem Erzählen.

Für die Wirkungsgeschichte seiner Werke war die Vertriebsform segensreich. Ohne das Klinkenputzen vieler hundert Vertreter und die aggressiven Marketingmethoden des Subskriptionsverlags hätte Mark Twain schwerlich ein Massenpublikum erreicht und wohl auch nicht den ikonischen Status errungen, den er seit den Achtzigerjahren des 19. Jahrhunderts im ganzen Land genoss. Normalerweise wurden Subskriptionsautoren nicht in Zeitschriften besprochen; Howells machte für Mark Twain eine Ausnahme. Anders als viele seiner Schriftstellerkollegen jedoch wurde er nicht von der Literaturkritik entdeckt, sondern – als Autor wie als Redner – von einer Welle volkstümlichen Zuspruchs nach oben getragen. Dieses Bewusstsein verließ ihn nie. Ein unzertrennbares Band vereinte ihn mit seinem Publikum. Mark Twain schrieb für viele, nicht für die Elite. In einer Zeit, in der vor allem Frauen Romane lasen, erreichte er auch die Männer. In einer Epoche scharf getrennter kultureller Öffentlichkeiten verband er das Niedrige, Mittlere und Hohe. Dieser basisdemokratische, jedermann einschließende Affekt macht bis heute seinen Charme aus. In Großbritannien bewunderten ihn Kollegen wie Rudyard Kipling, George Bernard Shaw und Robert Louis Stevenson, die er allesamt kennenlernte. Gelegentlich schielte er mit leisem Neid auf städtische Buchhandlungen, in denen nicht seine, sondern die Titel seiner Kollegen und Konkurrenten auslagen, doch immer wieder bestand er auf seinen Wurzeln – und dem Garanten seines Erfolgs. Er habe nie versucht, schrieb er einem englischen Literaturkritiker, »zur Kultivierung der kultivierten Klasse beizutragen. Dafür war ich durch angeborenes Talent oder Bildung nicht ausgerüstet. Und ich habe in dieser Richtung nie Ehrgeiz entfaltet, sondern immer Jagd auf größeres Wild gemacht: die Massen.«

Nun, der literarische Vertreter der Massen hatte es geschafft, bevor er vierzig wurde. Mit Livys Aussteuer war die Familie Clemens vermögend genug, um sich eine repräsentative Bleibe zu leisten. Sichtbarer Ausdruck des sozialen Aufstiegs ist das prächtige dreistöckige Haus, das die Familie in Hartford, Connecticut – auf halber Strecke zwischen Boston und New York – bauen lässt und 1874 bezieht. Geboren werden die drei Töchter in Elmira, dem Sommerdomizil, aber in der Hartford-Villa – *High Victorian Gothic* nennt man den Stil, manche vergleichen das ausgefallene Haus mit einem Mississippi-

Die 1903 für 3.000 Dollar von Mark Twain erworbene Aeolian Orchestrelle, auf der ihm seine Sekretärin oft in der Nacht mehrere Stunden lang Stücke von Beethoven oder Schubert vorspielte. Twain hatte zuvor klassische Musik verabscheut und sich selten Konzerte seiner Tochter Clara, die Klavier und Gesang studierte und später einen Pianisten heiratete, bis zu Ende angehört.

Clara Clemens mit ihrem Vater. Aufnahme von 1908.

Frontispiz der 1889 bei Charles L. Webster & Co. in New York erschienenen Ausgabe von *A Connecticut Yankee in King Arthur's Court*. Zeichnung von Daniel Carter Beard (1850–1941).

Mark Twains Haus in Hartford, Connecticut.

Der Kamin an der Westwand der Hartforder Bibliothek.

Mundstück des in die Küche führenden Sprachrohrs im Mahagoni-Gästezimmer.

Dampfer – wachsen sie auf. Neunzehn Zimmer, sieben Badezimmer, jedes davon mit Toilettenspülung, Gaslicht im ganzen Haus, dazu »Sprechröhren«, die die Kommunikation zwischen den Stockwerken ermöglichen; unten eine dreistöckige Eingangshalle mit Tiffany-Interieur, großer Kamin, dann die Bibliothek. Mark Twain ist Südstaatler genug, um nicht auf den schwarzen Butler zu verzichten. Ein halbes Dutzend Angestellte versorgt Küche, Kammer und Pferdestall. Die Kosten für diesen Lebensstil sind gewaltig. Doch vorläufig fließt Geld. Der Junge aus Hannibal, Missouri, ist angekommen.

Engel am Eichenbett

Als rührendes Zeugnis der frühen Jahre hat sich das Büchlein erhalten, das Susy, die Älteste, über ihren Vater geschrieben hat. Unter dem Titel *Mein Papa: Mark Twain im Tagebuch seiner dreizehnjährigen Tocher und seine Anmerkungen dazu* ist es in der Übersetzung von Gisbert Haefs auf Deutsch erschienen. Selbst die Rechtschreibfehler sind reproduziert. Es hebt an mit den Sätzen: »Wir sind eine sehr glückliche Familie! wir bestehen aus Papa, Mama, Jean, Clara und mir. Papa ist der über den ich schreibe, und ich werde keine Mühe haben nicht zu wissen was ich über ihn sagen soll, weil er ein sehr auffälliger Karakter ist. Papas Aussehen ist oft beschrieben worden, aber gans unkorrekt: er hat wunderschönes lockiges graues Haar, kein bisschen zu dick, auch nicht zu lang, genau richtig; Eine römische Nase, die die Schönheit seiner Gesichtszüge sehr vermehrt, gütige blaue Augen und einen kleinen Schnurrbart, er hat einen wunderbar geformten Kopf und Profil, er hat eine sehr gute Figur, kurz er ist auserordentlich gutaussehender Mann. All seine Züge sind perfekt auser dass er keine ausergewöhnlichen Zähne hat.«

Die Gelbfärbung dieser nicht so »ausergewöhnlichen« Zähne kommt vom Rauchen. Gut zwanzig Zigarren brennt Mark Twain täglich ab. »Wenn er ein paar Tage bei uns gewesen war«, schreibt Howells, »musste das ganze Haus gelüftet werden, denn er rauchte überall vom Frühstück bis zum Schlafengehen.« In seinem Essay »Über den Tabak« begründet Twain die Wahl seines scheußlichen Krauts. Jeder Mann habe seinen eigenen Maßstab, sagt er, da sei ihm nicht zu helfen. Dann macht er sich lustig über teure Havanna-Zigarren und das affektierte Expertentum der vornehmeren Rauchergemeinde. Ihm selbst, schreibt er, könne auf diesem Feld niemand etwas vormachen – »mir, der niemals gelernt hat zu rauchen, sondern immer schon geraucht hat; mir, der auf die Welt kam und sofort um Feuer bat«.

Mark Twain sitzt 1897 in der Wiener Salmgasse 8 Modell für die Bildhauerin Teresa Feodorowna Ries (1874–1956).

56|57

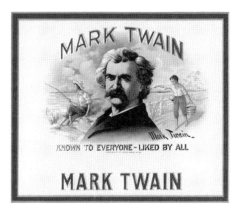

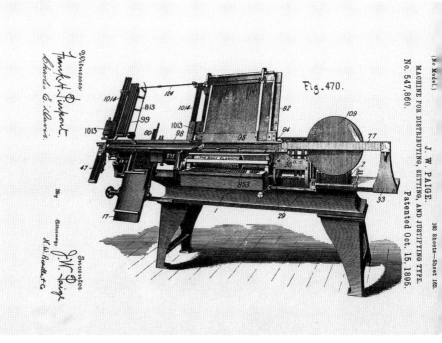

Deswegen gibt es in der dritten Etage des Anwesens in Hartford ein
Billardzimmer, das als Denkstube und Raucherhöhle fungiert. Am
Billardtisch verbringt der Schriftsteller in den nächsten Jahrzehnten
kaum weniger Zeit als über seinen Manuskripten, was nicht heißen
soll, er sei träge gewesen, sondern nur, dass er von Kugeln und Queue
besessen war.

Ein paar Jahre später kaufen er und Livy sich in Venedig ein präch-
tiges Eichenbett mit geschnitzten Engeln am Kopfteil, sie legen die
Kopfkissen ans Fußende, um die Figuren besser betrachten zu können. Es ist dieses Bett, das – über Jahre des Exils hinweg unbenutzt –
alle Familientragödien und alle Umzüge überlebt und dem alten
Mark Twain als Schauplatz seiner liebsten Inszenierung dient: der
des Schriftstellers, der nicht nur die Nacht, sondern auch den halben
Tag auf den Laken verbringt, der im Bett raucht, Bücher liest, Manuskripte korrigiert und selbstredend auch seine Gäste oder Journalisten im Nachthemd empfängt. In diesem venezianischen Eichenbett
ist Mark Twain am 21. April 1910 gestorben.

Bis es so weit ist, verläuft sein Leben so dramatisch wie seine besten Romane. Denn das Idyll der Hartford-Villa hat keinen Bestand.
Während der Ruhm des Vaters wächst, braut sich ein Gewitter über
der Familie zusammen. Mark Twain hat schlechte Investments ge-
tätigt und sich über viele Jahre hinweg verspekuliert. Seit jeher ein
Freund technischer Innovation, steckt er von 1880 an sein Geld in
den Bau einer vollautomatischen Setzmaschine, die der amerikanische Erfinder James W. Paige ersonnen hat, übernimmt die Mehr-
heitsanteile der an das Projekt gebundenen Firma und hofft, mit dem
staunenswerten Gerät ein Vermögen zu verdienen. Doch der Proto-
typ ist so komplex, dass ständige Nachbesserungen vonnöten sind,
für die wiederholt in die Tasche gegriffen werden muss. Am Ende
wird sie niemals fertig.

Twain will das Debakel nicht wahrhaben; wie ein moderner Börsen-
zocker verstrickt er sich immer tiefer in sein riskantes Engagement.
Schon zuvor sind ihm die Kosten für die luxuriöse Lebenshaltung
in der Villa über den Kopf gestiegen. Auch seine Aktivität im Ver-
lagsgeschäft, die vielversprechend beginnt – er verlegt per Subskrip-
tion die Memoiren des von ihm bewunderten Bürgerkriegsgenerals
Ulysses S. Grant und verschafft ihm ein kleines Vermögen –, erleidet
schwere Rückschläge. Um Geld zu sparen, lässt die Familie Clemens
die Villa zurück und lebt neun Jahre vorwiegend im Ausland. Kurz

vor Twains sechzigstem Geburtstag, 1894, kommt es zur Katastrophe. Der Schriftsteller ist bankrott. Rund 200.000 Dollar – heute um die drei Millionen Euro – sind allein in die unselige Setzmaschine geflossen und spurlos versickert. Die Gläubiger drohen, die Rechte an seinen Büchern an sich zu reißen.

In dieser verzweifelten Lage hilft ihm sein dritter Männerfreund aus der Patsche: Henry H. Rogers (1840–1909), Vizepräsident der Standard Oil Company und ein Kapitalist reinsten Wassers. Rogers lässt die Verluste bilanzieren, weist die Gläubiger in die Schranken und entwirft einen Sanierungsplan. Obwohl Twain des Reisens und der Vorträge schon seit langem überdrüssig ist, unternimmt er mit Livy und Tochter Clara eine Welttournee, um Redehonorare einzuspielen. *World tour* hieß: sechs Wochen Amerika und Kanada, von der Ostküste bis nach Vancouver. Dann Australien, Neuseeland, Ceylon, Indien, Südafrika. Ein volles Jahr nach ihrem Beginn, im Juli 1896, endet die Reise in England. Mark Twain hat rund hundert Vorträge und Lesungen gehalten. »Wie habe ich diese Weltreise gehasst«, sagt er später zu Howells, »außer dem Meer und Indien!«

Noch auf englischem Boden erreicht ihn die Nachricht, dass seine Tochter Susy, die zu Hause zurückgeblieben ist, an Hirnhautentzündung gestorben ist. Livy und Clara befinden sich unterdessen schon auf See, Richtung Heimat. Von diesem Schlag im August 1896 erholt sich die Familie nicht. Die Hartford-Villa, das Symbol der schönsten gemeinsamen Jahre, wird nie wieder bewohnt. Manche Biographen sagen, der Hang, einer neuen Geschäftsidee nachzurennen und durch kühne Spekulationen ein Vermögen zu verdienen, sei in Mark Twain so stark verankert gewesen wie sein Erzähltalent. Sicher ist, dass der Schriftsteller sehr viel Zeit und seelische Energie in sein Unternehmertum gesteckt hat, aber einfach keinen Geschäftssinn besaß. Dass er mit seinen Abenteuern die materiellen Grundlagen seiner Familie aufs Spiel setzte, scheint ihm nur schemenhaft klar gewesen zu sein. Oder er hat die Gefahr als amerikanische Spielregel akzeptiert – so wie er sich nach dem Zusammenbruch als untadeliger Ehrenmann erwies und zusammen mit Henry Rogers eine Strategie ersann, wie alle Verbindlichkeiten zurückgezahlt werden könnten.

Die Ironie, die in den tragischen Wochen des Jahres 1896 liegt, hat episches Ausmaß. Die geliebteste der drei Töchter, allein im fernen Amerika, ist gestorben, während Mark Twain sich durch eine Welttournee von seinen monströsen Schulden befreit. Gewiss, er kann

Mark Twain zwischen Engeln im Eichenbett. Foto von Albert Bigelow Paine, 1906.

Mark Twains Töchter Clara, Jean (Jane Lampton) und Susy (Olivia Susan). Foto vom 28. März 1881.

Die Clemens-Familie verbrachte den Sommer 1890 in den Catskills bei Tannersville, New York, wo Mark Twain Charaden mit seiner Tochter Susy spielte: »Wir haben versucht, die Geschichte von Hero und Leander zu inszenieren. Mark Twain spielte die Rolle des leidenschaftlichen Liebhabers, der über den Hellespont schwimmen musste, um seiner Liebsten auf der anderen Seite des schäumenden Wassers einen Kuss zu rauben. Für diese Szene trug Vater einen Badeanzug, einen Strohhut, der unter dem Kinn mit einer großen Schleife zusammengebunden war, und eine vor seiner Brust hängende Wärmflasche.« (Clara Clemens: *My Father Mark Twain*, S. 57).

in der amerikanischen Gesellschaft, die materiellen Erfolg über alles stellt, wieder den Kopf heben, er hat seine Würde zurückerobert und muss wegen keines einzigen Gläubigers die Straßenseite wechseln. Doch er ist ein schwer angeschlagener Mann. »Eine Wolke liegt nun dauerhaft über allem«, schreibt er in sein Notizbuch. Gelähmt, unfähig zur Rückkehr in die Heimat, verkriecht sich die Familie im Londoner Stadtteil Chelsea. Die Gartenfotos aus jener Zeit zeigen erloschene Seelen. Die jüngste Tochter Jean ist nicht dabei. Schon seit Längerem gibt es bei der Clemens-Familie keinen Bund von fünf Personen mehr. Das Idyll, das die ersten Jahre von Hartford umgab, ist zerstoben.

Es kann nicht leicht gewesen sein, als Spross des bekanntesten Literaten Amerikas aufzuwachsen. Die Erstgeborene, Susy – »sie, die unser Wunder und unsere Wonne war«, wie er in der Autobiographie elegisch schreibt –, kam mit der Aufgabe wohl am besten zurecht. Aber auch sie, die von Privatlehrern unterrichtet wurde sowie fließend Deutsch und Französisch sprach, verbrachte Zeiten voller Langeweile und Unsicherheit. Susy brach ihr Universitätsstudium im ersten Jahr ab. Ihr Tod mit 24 eröffnete die Reihe von Rückschlägen, die Twains Leben von nun an begleiteten. Die folgenden acht Jahre gehörten der Pflege von Ehefrau Livy (1845–1904), die immer schwächer wurde und in den letzten Jahren kaum noch das Bett verlassen konnte. Auch der einjährige Aufenthalt im milden Klima von Florenz brachte nur einen Aufschub; sie starb dort. Mit dem Tod der Frau, die er liebte, verlor Twains Leben 1904 seine Erdung.

Clara (1874–1962), zwei Jahre jünger als Susy, war das einzige Familienmitglied, das den Vater überlebte. Den Berichten zufolge hatte sie eine interessante, doch keine außergewöhnliche Gesangsstimme, und ihre Karriere als klassische Sängerin, für die Twain aufkam, hob nicht ab. Bei einem ihrer Auftritte drängte der Schriftsteller sich unfein ins Rampenlicht und hielt nach der Darbietung, die seine Tochter unter höchster Anspannung vorbereitet hatte, eine zwanzigminütige Rede, ein Unterhalter in seinem Element. Wie zu erwarten war, berichteten die Zeitungen des nächsten Tages nur von seinem witzigen Vortrag und widmeten der Sängerin kaum fünf Zeilen. Auch Clara wurde vom Ruhm des Vaters erdrückt, sie ertrug seine Gegenwart nicht gut und verbrachte immer wieder Zeit in Sanatorien.

Noch ärmer dran war Jean (1880–1909), die Jüngste, bei der mit sechzehn Jahren Epilepsie diagnostiziert wurde. An Jean ließ sich in der

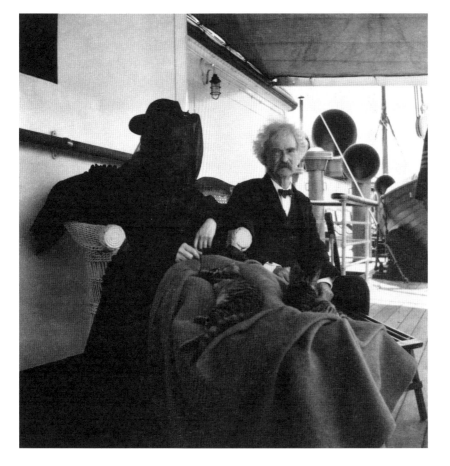

Mark Twain in Dollis Hill House, wo die Familie den Winter 1899/1900 verbrach-te, um der von epileptischen Krämpfen geplagten Jean Linderung zu verschaffen. Dollis Hill, so Mark Twain in einem Brief, reiche näher an das Paradies heran als alle anderen Häuser, die er je bewohnt habe.

Clara Clemens, in Trauerschleier gehüllt, und Mark Twain an Bord der *Prince Oscar*, die Olivias Leichnam nach Hause brachte. Olivia war am 5. Juni 1904 gestorben und wurde auf dem Woodlawn Friedhof in Elmira begraben.

Kindheit keine außergewöhnliche künstlerische Begabung entdecken, und sie büßte dafür. Innerhalb der Clemens-Sippe muss sie als die Vernachlässigte, ja Vergessene angesehen werden. Über Jahre hinweg, in denen sie gern mit der Familie zusammengelebt hätte, überließ man sie der Obhut teurer Sanatorien. Ein Anschein von Rechtfertigung lag in dem Umstand, dass Jean während eines epileptischen Anfalls gewalttätig gegen die langjährige Hausdienerin geworden war und somit als »gefährlich« galt. In der Autobiographie nimmt sie den geringsten Platz ein. Jeans eigene Aufzeichnungen sind herzzerreißend. Sie enthüllen eine einsame, sexuell frustrierte Frau, die aus verschiedenen Gründen auf niemanden in ihrer Familie zählen konnte. Immerhin durfte sie in ihrem letzten Lebensjahr des Vaters Anwesen Stormfield bewirtschaften und ihrer Tierliebe nachgehen. Es kommt sogar zu einer Annäherung zwischen Vater und Tochter. Am Heiligen Abend 1909 ertrinkt Jean in der Badewanne, vermutlich nach einem Herzanfall wegen der Überanstrengung durch die Weihnachtsvorbereitungen. Mark Twains Aufzeichnungen über den Verlust der Tochter, kaum vier Monate vor seinem eigenen Tod geschrieben, gelten als ergreifendes Dokument, doch ich empfinde sie als pathetisch und wünschte, sie nie gelesen zu haben.

Sprechen aus dem Grab

Autobiographie«, das Wort habe ich schon öfter verwendet; es handelt sich dabei nicht um ein abgeschlossenes Buch, sondern ein gigantisches Projekt, dessen Charakter und Reichweite selbst amerikanische Leser erst im neuen Jahrtausend kennenlernen konnten. »Ich spreche buchstäblich aus dem Grab«, hatte Twain in einem der zahlreichen Vorworte zu seinen Aufzeichnungen geschrieben, »denn wenn das Buch aus der Druckerpresse kommt, werde ich tot sein.« Hundert Jahre, so hatte der Autor verfügt, sollten bis zur Freigabe des gesamten Materials vergehen.

Pünktlich aufs Jahr war die Mark-Twain-Philologie 2010 zur Stelle, um die Autobiographie wachzuküssen, und ließ den ersten Band erscheinen. Kurz darauf kam er in der glänzenden Übersetzung von Hans-Christian Oeser auch auf Deutsch heraus. Zwei Jahre später lag Band zwei vor. Insgesamt kommen die drei Bände der ungekürzten, ungefilterten und unzensierten *Autobiography of Mark Twain* auf rund 2.500 dichtbedruckte Seiten – das wichtigste *publishing event* im amerikanischen Klassikerwesen seit langem. Der Meister der Marketingeffekte dirigiert die Massen auch noch ein Jahrhundert nach seinem Tod.

Zur Vorgeschichte: Zwischen 1870 und 1905 hatte der Autor kürzere autobiographische Texte geschrieben, ohne etwas Zusammenhängendes zustande zu bringen. Das war kaum verwunderlich, denn einen stattlichen Teil seines Lebensstoffes hatte er ja für Artikel, Reisebücher und Romane geplündert. Doch 1906, nach Livys Tod, änderte er die Strategie. Nachdem er dem jungen Schriftsteller Albert Bigelow Paine (1861–1937) die Erlaubnis erteilt hatte, seine offizielle Biographie zu verfassen, bewegte Twain sich plötzlich vor Publikum. Er gewährte Paine Zugang zu seinen Briefen, Papieren und Entwürfen – seinem Labor – und entdeckte im Diktat, befreit von den Mü-

Mark Twain mit seiner Tochter Clara und deren Freundin, der Violinistin Marie Nichols. Foto um 1908.

hen der Verschriftlichung, eine neue und überaus anregende Form schöpferischer Arbeit. Das sollte *Arbeit* sein? Er brauchte doch nur Rauchringe in die Luft zu blasen und draufloszuplaudern! Und wer, bitte, konnte besser plaudern als er?

Die täglichen Sitzungen – anwesend waren er selbst, Paine, die Sekretärin Isabel Lyons und eine Stenographin – sollten ursprünglich den Biographen mit dem notwendigen Material versorgen, aber für Twain wurden sie weit mehr: eine imaginäre Reise an die Orte der Vergangenheit, die er wiederbesuchen wollte, Reminiszenzen an Kindheitserlebnisse und frühe Berufserfahrungen, Erinnerungen an Gerüche und die Atmosphäre einer versunkenen Welt und am Ende auch eine Hommage an die wichtigsten Menschen in seinem Leben. Später fügte der Autor Zeitungsmeldungen, Briefe und andere Dokumente ein. In gewissem Sinn machte Twain aus dem Ganzen einen umgekehrten *roman fleuve* – er versetzte durch spontane Sprache und Textcollagen in die Wirklichkeit zurück, was er in seinen Büchern in Fiktion verwandelt hatte.

Ungewöhnlich daran war: *Alles* sollte hereinkommen dürfen, *alles* gesagt werden und genau in der Sequenz, in der es dem Sprechenden durch den Kopf ging, ungezähmt durch Chronologie, Stilisierung, Prüderie oder autobiographische Konventionen. Mit derselben Begeisterung, die ihn zuvor bewegt hatte, auf Biegen und Brechen in eine vollautomatische Setzmaschine zu investieren, glaubte Mark Twain nun daran, eine revolutionäre Entdeckung gemacht zu haben. Doch die Euphorie war nicht von langer Dauer. Der Radikalität des Zugriffs entsprach ein radikaler Zweifel in Bezug auf die Sagbarkeit seiner inneren »Wahrheit«. Für ihn war sie ebenso verzweigt wie flüchtig, ein Riese, der sich entzog. Was war die Wahrheit eines einzelnen Mannes in seiner Zeit, seinen Umständen, seinem historischen Augenblick? Sie darzustellen erforderte gewissermaßen eine hektargroße Leinwand, auf die sich das ganze Bewusstsein malen ließe. Doch dafür hätte er zwei, drei Menschenleben gebraucht. Das Gewicht einer fragmentierten, unüberschaubaren Subjektivität – ein Thema der heraufziehenden Moderne – drohte Mark Twain zu begraben und an seinem Projekt verzagen zu lassen.

»Was für einen winzig kleinen Bruchteil des Lebens machen die Taten und Worte eines Menschen aus!«, schrieb er. »Sein wirkliches Leben findet in seinem Kopf statt und ist niemandem bekannt außer ihm. [...] Seine *Taten* und seine *Worte* sind lediglich die sichtbare

Stormfield, Mark Twains letztes Haus, eine im italienischen Stil gehaltene Villa in Redding, Connecticut. Foto von 1914.

Mark Twain bei seinem liebsten Zeitvertreib. Aufnahme vom Februar 1908.

»My Debut as a Literary Person«. Manuskript eines geplanten Kapitels für Twains Autobiographie.

Tausende Bewunderer, die wegen der Bewegungsunschärfe nicht zu erkennen sind, zogen an Mark Twains offenem Sarg in der Brick Presbyterian Church in New York vorbei.

dünne Kruste seiner Welt mit ihren vereinzelten Schneegipfeln und ihren leeren Wasserwüsten, und die machen einen so unbedeutenden Teil seiner Masse aus! – eine bloße Haut, die sie umhüllt.« Nein, fand er, dergleichen könne nicht aufgezeichnet werden, selbst wenn er mit seinen autobiographischen Diktaten einen mutigen Annäherungsversuch unternommen hatte: »Jeder Tag würde ein ganzes Buch mit achtzigtausend Wörtern füllen – dreihundertfünfundsechzig Bücher im Jahr. Biographien sind nur die Kleider und Knöpfe des Menschen – die Biographie des Menschen kann nicht geschrieben werden.« Von dieser textilen Metapher bis zu Max Frischs identitätsskeptischem Satz aus *Mein Name sei Gantenbein* – »Ich probiere Geschichten an wie Kleider« – ist es nur ein kleiner Schritt.

Der größte Teil der Autobiographie entstammt den Diktaten der Jahre 1906 und 1907; danach verlor Twain die Lust und kehrte nur noch sporadisch zu seinem Projekt zurück. Einzelne Kapitel überließ er seinem Freund Howells zum Abdruck in der *North American Review*. Allein an Umfang können es wenige Autobiographien mit Twains Werk aufnehmen. Der Schriftsteller war besonders geeignet für die Form, die er gewählt hatte: Mündlicher Vortrag war ihm vertraut wie kaum einem anderen, und seine Redelust entzündete sich, wenn er vor Publikum sprach; später konnte er die von der Sekretärin getippte Abschrift überarbeiten. So häufte er in den Jahren jenseits der siebzig, als seine Schaffenskraft für umfangreiche Romane nicht mehr ausreichte, einen Berg von mehr als einer halben Million Wörtern an. Natürlich sind die Aufzeichnungen von unterschiedlicher Dichte, doch der kumulative Wert ist immens. Betrachtet man diese disparate Textmasse, die nur eingeschworene Twain-Fans vollständig durchpflügen werden, mit etwas Abstand, lässt sich noch ein anderes Motiv ausmachen: Die scheinbare Formlosigkeit des assoziierenden Sprechens gab dem Schriftsteller noch einmal die Kontrolle über sein dem Ende zustrebendes Leben zurück. Hier war alles wichtig, was er für wichtig hielt. Hier hatte nur einer das Sagen, und Widerspruch hatte er nicht zu erwarten.

Mann in Weiß

Es gibt keine Volksabstimmungen darüber, wer der »größte« Schriftsteller eines Landes sei, aber die Rauchzeichen lassen sich deuten. Wer von Mark Twain spricht, meint zuallererst seinen liebenswert offenen amerikanischen Charakter, seinen Witz, der geradewegs aus dem Volk kommt und auf magische Weise zum Volk zurückkehrt, verbunden mit einem obrigkeitskritischen Humor, der von der Anarchie in den Nonsens hinüberspielt. So etwas strebt man nicht an; man hat es oder hat es nicht. Auch deshalb ist Mark Twain der Klassiker, in dem Nordamerika sich seit mehr als hundert Jahren wiedererkennt, den es liest, zitiert und immer wieder neu entdeckt. Nicht der düstere Edgar Allan Poe oder der genialisch-einsiedlerhafte Herman Melville. Erst recht nicht der Breitwandschriftsteller James Fenimore Cooper, den Twain nicht ertrug. Und auch nicht die Säulenheiligen des 20. Jahrhunderts, von F. Scott Fitzgerald über Ernest Hemingway bis zu J. D. Salinger. Nein, Mark Twain ist *the King*, wie er von seiner ihm blind ergebenen Sekretärin Isabel Lyons im letzten Lebensjahrzehnt genannt wurde, und die Symbole und öffentlichen Ehrungen erlauben in dieser Beziehung keinen Zweifel.

Rein literarisch hätten die Mississippi-Schriften aus der frühen bis mittleren Schaffensphase ausgereicht, Twains Namen für immer zu bewahren. Das sind: *Tom Sawyer*, *Huckleberry Finn*, *Leben auf dem Mississippi* und *Knallkopf Wilson*, ein Roman, in dem Twain in der Form der Detektivgeschichte noch einmal die Rassenfrage aufnimmt und auf William Faulkners verstörenden Roman *Absalom, Absalom!* vorausweist. Hinzu kommen die Reisebücher, die zwar deutlich zu lang sind, sich aber als feuilletonistisches Genre zwischen Essay und Fiktion bis heute behaupten. Besonders beliebt ist hierzulande ein Appendix zu *Bummel durch Europa* mit dem vielsagenden Titel »Die schreckliche deutsche Sprache«.

Mark Twain in New York, 15. März 1907.

H. H. ROGERS   S. L. CLEMENS   140-15

Die Zeitreise – eine Gattung, in der er gern satirisch über angeblichen Fortschritt spottete – entfaltete Twain am überzeugendsten in dem Roman *Ein Yankee an König Artus' Hof*. Doch Bücher wie der Kurzroman *Der Prinz und der Bettelknabe* (den seine Tochter Susy weit über *Huckleberry Finn* stellte) oder der historische Roman *Persönliche Erinnerungen an Jeanne d'Arc* (den der Autor selbst für sein wichtigstes Buch hielt) wären heute wohl vergessen, hieße der Verfasser nicht Mark Twain. Dasselbe gilt für viele der frühen journalistischen Schriften, deren rauhbeiniger Humor sich an die Siedler des amerikanischen Westens richtete, und auch für manche der Essays. Sein Gesamtwerk umfasst viele tausend Seiten, doch kaum ein Drittel davon polstert seine literarische Unsterblichkeit.

Als Mark Twain nach Livys Tod im Sommer 1904 endgültig nach Amerika zurückkehrt, ist er ein Star, und das in jedem Sinn: als Künstler, als Guru, als Promi. Womöglich, um innere Leere durch äußere Betriebsamkeit zu übertönen, begibt er sich erstmals seit langem mitten unter Menschen und mietet eine Wohnung in New York. Zu spät erkennt er, dass die Räume auf der Fifth Avenue zu keiner Tageszeit von einem Sonnenstrahl gestreift werden. Doch damit erschöpft sich der Ärger schon. Geht er aus dem Haus, erkennen die Passanten ihn und lüpfen die Hüte. Manchmal bilden sich Menschentrauben, und er hält spontan Hof. Mark Twain ist nicht nur ein Schriftsteller, der sich die Fangemeinde hart erarbeitet hat, sondern ein Vorbild. Er hat viele Schicksalsschläge weggesteckt, das Oben und das Unten durchmessen, er ist mit sechzig Jahren bankrott gegangen und hat nicht geruht, bis seine Schulden auf Dollar und Cent abgezahlt waren. Ein Kerl nach dem Geschmack eines expansionswütigen Landes, das nur Sieger verehrt: der beliebteste, bekannteste Künstler seiner Zeit und vermutlich der meistinterviewte, bestfotografierte Mann Amerikas. Inzwischen wird er von Reportern umlagert, wenn er in irgendeinem Hafen von Bord kommt oder auch nur vom Haus auf die Straße tritt. Die Journalisten wollen von seinen Lippen eine zitierbare Sentenz erjagen. Oft tut Twain ihnen den Gefallen. Das rhetorische Geplänkel fällt ihm leicht, weil er den Job auswendig kennt und nichts von seiner Schlagfertigkeit eingebüßt hat.

Ein neues Genre entsteht: der Mark-Twain-Spruch. Hält er irgendwo eine informelle Rede (längst schon nimmt er kein Geld mehr dafür), bringen die Zeitungen am nächsten Tag einen Bericht darüber. Die Witze und Aphorismen verselbstständigen sich. Einen der bekanntesten prägt er, als ihn ein Reporter an der Haustür mit dem Gerücht

Henry Huttleston Rogers (1840–1909) und Mark Twain. Aufnahme um 1908.

Clara Clemens' Hochzeit am 6. Oktober 1909. V. l. n. r.: Mark Twain im Talar der Universität Oxford, Jervis Langdon (1849–1916, Mark Twains Neffe), Jean Clemens, Ossip Gabrilowitsch (der Bräutigam), Clara Clemens und Joseph Hopkins Twichell, der das Paar getraut hat.

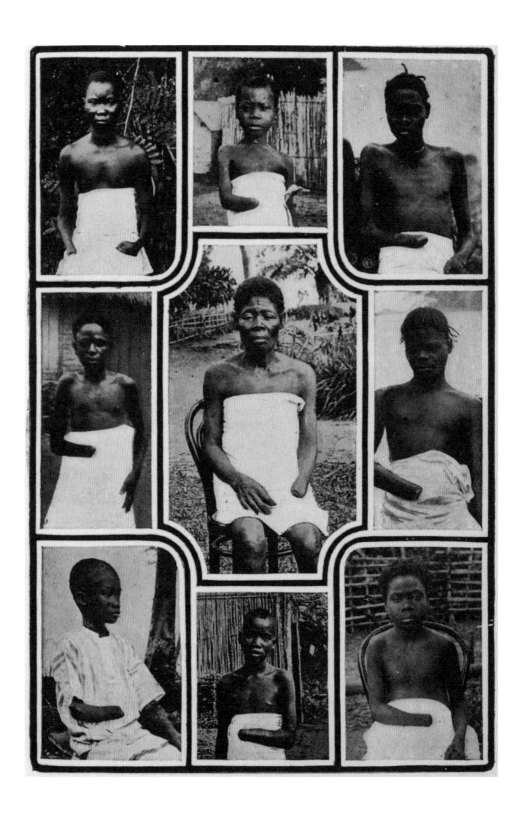

seines Todes konfrontiert und Twain unbeeindruckt zu Protokoll gibt, die Nachricht von seinem Tod sei »stark übertrieben«. Oft sind seine Sentenzen böse, fast immer zielen sie auf lachend erworbene Einsicht: »Die Erschaffung des Menschen war eine gute und originelle Idee«, heißt es da etwa, »aber dann auch noch das Schaf zu machen, war eine Tautologie.« Oder: »Wahrheit ist das Kostbarste, was wir haben. Man muss sparsam damit umgehen.«

Es gibt in diesen Jahren aber auch eine dunkle, grüblerische Seite weit jenseits der frechen Bonmots. Sie kommt zum Vorschein, wenn der Autor in zeitkritischen Essays gegen gesellschaftliche Missstände polemisiert. In *König Leopolds Selbstgespräch: Eine Verteidigung seiner Kongo-Herrschaft* (1905) etwa attackiert er den belgischen König Leopold II., der als kolonialer Alleinherrscher die schwarze Bevölkerung des Kongo (den der Monarch nie betreten hatte) in Zwangsarbeit und wirtschaftliche Ausbeutung trieb – ein Bericht an das englische Parlament hatte inhumane Arbeitsbedingungen, das Abhacken von Händen und willkürliches Töten als gängige Praxis enthüllt. In den letzten zehn Jahren seines Lebens schrieb Twain gegen die Lynchjustiz, das Gebaren christlicher Missionare in China, die Doppelmoral des erwachenden amerikanischen Imperialismus und vieles, vieles mehr. Doch die Öffentlichkeit, die sich an anderer Stelle so gern von ihm unterhalten ließ, wollte dem harten, pazifistischen Fortschrittszweifler nicht immer zuhören. So blieben manche der Essays zu Lebzeiten ungedruckt. Schon die dreizehnjährige Susy hatte in ihrer kindlichen Biographie betont, eigentlich sei ihr Vater kein Humorist, sondern Philosoph. Spät im Leben stellte sich heraus, dass es selbst einem Mark Twain nicht gegeben war, beliebig zwischen den Rollenfächern zu wechseln.

Heute könnte man den Eindruck gewinnen, Mark Twain habe mindestens eine dreifache Funktion übernommen: als Nationaldichter, volkstümliches Maskottchen und Referenzpunkt der amerikanischen Kulturgeschichte. Zahlreiche Literaturwissenschaftler arbeiten am »Mark Twain Project« der Bancroft Library an der University of California in Berkeley, das die Tagebücher, Briefe, Notizhefte und andere Schriften erschließt. Denn noch immer kennen wir nicht alles von ihm, so gewaltig war sein Papierausstoß. Allein die Briefausgabe soll rund zwanzig Bände umfassen. Müßig zu sagen, dass sich die Mark-Twain-Gedächtnisorte in Amerika – mit unterschiedlichem Anspruch auf Authentizität – zu Touristenattraktionen aufgeschwungen haben. Dass ferner allein im 21. Jahrhundert vier volu-

»There they were, the right hands – I counted them, eighty-one in all.« Abbildung aus Mark Twains Anklage gegen die unmenschlichen Greueltaten der belgischen Kolonialherren im Kongo *King Leopold's Soliloquy: A Defense of His Congo Rule* (The P. R. Warren Co., Boston 1905).

Mark Twain 1906 in Dublin. Foto von
Albert Bigelow Paine.

minöse Twain-Biographien erschienen sind, mag einen Eindruck von der hingebungsvollen Beschäftigung vermitteln, die Amerika seinem Lieblingsschriftsteller widmet. Selbst seine unter immer noch rätselhaften Umständen entlassene, mit endlosen Beschimpfungen überzogene Sekretärin Isabel Lyons hat inzwischen ihre eigene Biographie bekommen.

Ob Mark Twain am Ende glücklich oder unglücklich war, ist eine offene Frage. Einer seiner Biographen, Michael Shelden, deutet die letzten sechs Jahre des Autors, allen Schicksalsschlägen zum Trotz, als Triumphzug der Reife und Gelassenheit, symbolisiert in den weißen Anzügen, die der provokationslustige Mann selbst im Winter trug. So viel immerhin ist wahr: Twain legte diese makellos gepflegten weißen Flanellanzüge bei wichtigen Gelegenheiten an – und mit Sicherheit viel öfter, als es die *Mark Twain Encyclopedia* wahrhaben will. Wollte er unter Schwarzröcken als strahlender Saubermann herausstechen? Um jeden Preis auffallen? Oder einfach nur ein Schmunzeln auslösen? Vielleicht von allem ein bisschen. Seinen *dont-care-a-damn suit* nannte er das auffällige Stück. Im Sommer 1909 besaß er davon 24 Exemplare, eines trug er auch im Sarg.

»Ich bin nicht *ein* Amerikaner, ich bin *der* Amerikaner«, hat er gesagt und Recht behalten. Er ist der einzige Schriftsteller, dessen ikonischer Wert an Donald Duck und Elvis Presley heranreicht. Es spricht für ihn, dass der international bekannteste Intellektuelle Nordamerikas sich nie als »Intellektuellen« betrachtete, auch wenn es ihn andererseits verletzte, dass man ihn lange Zeit nur als »Humoristen« feiern mochte. Man macht das Bild nicht, das andere von einem haben; man erträgt es. Die feineren literarischen Weihen jedenfalls waren zunächst für Zeitgenossen wie Emerson und Longfellow reserviert. Die Ewigkeit weiß, dass Mark Twain sie alle überflügelt hat.

Zeittafel zu Mark Twains
Leben und Werk

1835   Samuel Langhorne Clemens wird am 30. November als fünftes
        überlebendes Kind von John Marshall Clemens und Jane Lampton
        Clemens in Florida, Mississippi, geboren.

1839   Schwester Margaret stirbt.
        Umzug der Familie nach Hannibal, Missouri.

1842   Bruder Benjamin stirbt. Clemens selbst ist oft krank, so dass die
        Familie um sein Leben fürchtet.

1847   Vater stirbt an Lungenentzündung.
        Die Familie zieht um. Clemens' ältere Geschwister Orion (Drucker)
        und Pamela (Musiklehrerin) tragen die finanzielle Hauptlast, die
        Mutter nimmt gegen Bezahlung Essensgäste auf.

1848   Clemens wird Druckergeselle.

1850   Tritt einem Temperenzlerverein bei und gibt vorübergehend das
        Rauchen und Kauen von Tabak auf. Kehrt nach wenigen Wochen
        zu Zigarren zurück.

1857   Erhält Ausbildungsstelle als Lotse auf einem Mississippi-Dampfer.

1858   Sein jüngerer Bruder Henry, der in Clemens' Fußstapfen treten
        wollte, stirbt an den Folgen einer Dampfkesselexplosion.

1859   Erwirbt die Lizenz als Flussdampferlotse.

1861   Der Amerikanische Bürgerkrieg bricht aus. Der Schiffsverkehr auf
        dem Mississippi kommt zum Erliegen. Vierzehn Tage lang dient
        Clemens in der Missouri State Guard, dann bricht er nach Nevada
        auf, um Silber und Gold zu schürfen.

1863 Zeichnet erstmals einen Artikel mit dem Pseudonym »Mark Twain«. Investiert in Bergbauaktien.

1865 Veröffentlicht die Humoreske *The Celebrated Jumping Frog of Calaveras County* (*Der berühmte Springfrosch von Calaveras*) und wird an der Westküste als Schriftsteller bekannt.

1866 Reist als Reporter zu den Sandwich-Inseln (Hawaii). Beginnt Karriere als Redner.

1869 *The Innocents Abroad* (*Die Arglosen im Ausland*).

1870 Heiratet Olivia (»Livy«) Langdon und lässt sich in Buffalo, New York, nieder. Geburt des Sohnes Langdon.

1872 Tochter Susy geboren; Sohn Langdon stirbt an Diphterie. Mark Twain veröffentlicht *Roughing It* (*Durch dick und dünn*).

1874 Tochter Clara geboren. Umzug nach Hartford, Connecticut, in ein luxuriöses Haus mit zahlreichen Bediensteten.

1876 *The Adventures of Tom Sawyer.*

1878 Ausgedehnte Reise nach Deutschland (Hamburg, Heidelberg, Baden-Baden, dreimonatiger Aufenthalt in München).

1879 Viermonatiger Aufenthalt in Paris. Lernt Iwan Turgenjew und Charles Darwin kennen.

1880 Tochter Jean geboren.

1881 Investiert immer höhere Summen in unsichere Projekte. Veröffentlicht *A Tramp Abroad* (*Bummel durch Europa*) und *The Prince and the Pauper* (*Der Prinz und der Bettelknabe*).

1883 *Life on the Mississippi* (*Leben auf dem Mississippi*).

1885 *Adventures of Huckleberry Finn.*

1889 *A Connecticut Yankee in King Arthur's Court* (*Ein Yankee an König Artus' Hof*).

1891   Twain und seine Familie ziehen wegen finanzieller Schwierigkeiten ins Ausland. Verlag Charles L. Webster & Co., Twains eigenes Unternehmen, gerät in Schulden.

1893   Schließt Freundschaft mit Henry H. Rogers, dem Vizepräsidenten der Standard Oil Company, in dessen Hände er seine geschäftlichen Angelegenheiten legt.

1894   *Pudd'nhead Wilson* (*Knallkopf Wilson*). Geschäftlicher Zusammenbruch.

1895   Um Schulden abzuzahlen, unternimmt Twain mit Livy und Tochter Clara eine einjährige Vortragstour um die Welt.

1896   Tochter Susy stirbt. Reise nach Indien und Afrika.

1901   Erhält Ehrendoktorwürde der Universität Yale.

1902   Engagiert Isabel Lyons als Privatsekretärin.

1903   Familie zieht für ein Jahr nach Florenz, um Livy ein milderes Klima zu verschaffen.

1904   Ehefrau Livy stirbt am 5. Juni. Tochter Clara erleidet Zusammenbruch. Umzug nach New York City, 21 Fifth Avenue.

1906   Gestattet dem Schriftsteller Albert Bigelow Paine, die offizielle Twain-Biographie zu schreiben.

1907   Erhält Ehrendoktorwürde der Universität Oxford. Triumphaler Empfang in England.

1908   Umzug nach Redding, Connecticut, in das letzte Wohnhaus (»Stormfield«), entworfen vom Sohn seines Literatenfreundes William Dean Howells.

1909   Tochter Jean zieht zu ihrem Vater. Sie reitet, bearbeitet ein Stück Land und führt die Haushaltsbücher. Jean stirbt unerwartet am Morgen des 24. Dezember.

1910   Twain reist Anfang des Jahres nach Bermuda. Spielt Golf mit
        Woodrow Wilson, zu jener Zeit Präsident der Universität
        Princeton. Leidet immer stärker an Angina pectoris. Kehrt drei
        Monate später unter schweren Schmerzen zurück. Stirbt am
        21. April in seinem Haus und wird im Familiengrab in Elmira,
        New York, beigesetzt.

1912   Die dreibändige Mark-Twain-Biographie von Albert Bigelow Paine
        erscheint in New York.

seit 2010   Hundert Jahre nach Twains Tod erscheint, wie der Autor es verfügt
        hatte, die ungekürzte *Autobiography* in drei Bänden.

Auswahlbibliographie

Werke, Briefe und Tagebücher

Siebenbändige Werkausgabe in englischer Sprache. The Library of America, New York 1980 ff.

Gesammelte Werke in fünf Bänden. Herausgegeben von Klaus-Jürgen Popp. 3. Auflage. Carl Hanser Verlag, München 1985.

The Adventures of Tom Sawyer. Norton Critical Edition. W. W. Norton & Company, New York 2007.

Adventures of Huckleberry Finn. Norton Critical Edition. 3. Auflage. W. W. Norton & Company, New York 1999.

Tom Sawyer & Huckleberry Finn. Neu übersetzt und herausgegeben von Andreas Nohl. Carl Hanser Verlag, München 2010.

Knallkopf Wilson. Neu übersetzt von Reinhild Böhnke. Manesse Verlag, Zürich 2010.

Leben auf dem Mississippi. Aufbau-Verlag, Berlin und Weimar 1973.

Die Eine-Million-Pfund-Note und andere Erzählungen. Diogenes Verlag, Zürich 1987.

Selected Letters. Herausgegeben von Charles Neider. Cooper Square Press, New York 1999.

Meine geheime Autobiographie. Herausgegeben von Harriet Elinor Smith. Übersetzt von Hans-Christian Oeser. 2 Bände. Aufbau Verlag, Berlin 2012.

Ich bin der eselhafteste Mensch, den ich je gekannt habe. Neue Geheimnisse meiner Autobiographie. Herausgegeben von Harriet Elinor Smith. Übersetzt von Hans-Christian Oeser. 2 Bände. Aufbau Verlag, Berlin 2014.

Biographien, Studien, Materialien

William Dean Howells: *My Mark Twain. Reminiscences and Criticisms.* Harper & Brothers, New York und London 1910.

Albert Bigelow Paine: *Mark Twain. A Biography.* 3 Bände. Harper & Brothers, New York und London 1912.

Hamlin Hill: *God's Fool.* Harper & Row, New York 1973.

Thomas Ayck: *Mark Twain.* Rowohlt Taschenbuch Verlag, Reinbek bei Hamburg 1974.

Susy Clemens: *Mein Papa. Mark Twain im Tagebuch seiner dreizehnjährigen Tochter und seine Anmerkungen dazu.* Übersetzt von Gisbert Haefs. Insel Verlag, Frankfurt am Main 1987.

J. R. LeMaster und James D. Wilson (Hg): *The Mark Twain Encyclopedia.* Garland, New York 1993.

R. Kent Rasmussen: *Mark Twain A–Z. The Essential Reference to His Life and Writings.* Facts on File, New York 1995.

Geoffrey C. Ward, Dayton Duncan und Ken Burns: *Mark Twain. An Illustrated Biography.* Alfred A. Knopf, New York und London 2001.

Fred Kaplan: *The Singular Mark Twain.* Doubleday, New York 2003.

Larzer Ziff: *Mark Twain.* Oxford University Press, New York 2004.

Ron Powers: *Mark Twain. A Life.* Free Press, New York 2005.

Michael Shelden: *Mark Twain: The Man in White. The Grand Adventure of His Final Years.* Random House, New York 2010.

Laura Skandera Trombley: *Mark Twain's Other Woman. The Hidden Story of His Final Years.* Alfred A. Knopf, New York 2010.

Bildnachweis

S. 6, 18, 22 (u.), 24, 26, 42 (o. l.), 46 (u.), 60, 70 (o.), 72, 76 Beinecke Rare Book and Manuscript Library, Yale University
S. 8, 12, 14 (u.), 20, 22 (o. r.), 22 (u.), 30, 32 (o.), 34 (u.), 36, 38 (o.), 40, 42 (o. r.), 42 (u.), 44, 46 (o.), 50 (u. l.), 52 (u.), 54, 66, 68 (u.), 74 Library of Congress Prints and Photographs Divisions
S. 10, 14 (o.), 28, 50 (o.), 58 (Mitte), 62, 64 (u.) Mark Twain Project, The Bancroft Library, University of California, Berkeley
S. 16 (o.) Tulane University New Orleans, Louisiana
S. 16 (u.), 64 (o.), 70 (u.) The Mark Twain House, Hartford, Connecticut
S. 32 (u.), 38 (u. l.) Society of California Pioneers
S. 34 (o. l.) aus: *Cartoon Portraits and Biographical Sketches of Men of the Day. The Drawings by Frederick Waddy*. Tinsley Brothers, London 1873, S. 123
S. 38 (u. r.) John Sunderland / The Denver Post via Getty Images
S. 48 ullstein bild / Granger, NYC
S. 50 (u. r.) aus: Mark Twain: *A Tramp Abroad*. American Publishing Company, Hartford, Connecticut u. Chatto & Windus, London 1880, Frontispiz
S. 52 (o. r.) University of Virginia Library, Special Collections
S. 56 ÖNB Bildarchiv Pf 7849:E (7)
S. 58 (o.), 64 (u.) State Library of Victoria
S. 68 (o.) National Archives and Records Administration, Washington

Autor und Verlag haben sich redlich bemüht, für alle Abbildungen die entsprechenden Rechteinhaber zu ermitteln. Falls Rechteinhaber übersehen wurden oder nicht ausfindig gemacht werden konnten, so geschah dies nicht absichtsvoll. Wir bitten in diesem Fall um entsprechende Nachricht an den Verlag.

Impressum

Gestaltungskonzept: *Groothuis, Lohfert, Consorten, Hamburg | glcons.de*

Layout und Satz: *Angelika Bardou,* Deutscher Kunstverlag

Reproduktionen: *Birgit Gric,* Deutscher Kunstverlag

Lektorat: *Michael Rölcke,* Berlin

Gesetzt aus der *Minion Pro*

Gedruckt auf *Lessebo Design*

Druck und Bindung: *Grafisches Centrum Cuno, Calbe*

Umschlagabbildung: Mark Twain. Ohne Datum.
© F. Alexander Turnbull Library, Wellington, New Zealand

Bibliografische Information der Deutschen Nationalbibliothek
Die Deutsche Nationalbibliothek verzeichnet diese Publikation
in der Deutschen Nationalbibliografie; detaillierte bibliografische
Daten sind im Internet über http://dnb.dnb.de abrufbar.

© 2015 Deutscher Kunstverlag GmbH Berlin München

Deutscher Kunstverlag Berlin München
Paul-Lincke-Ufer 34
D-10999 Berlin
www.deutscherkunstverlag.de

ISBN 978-3-422-07284-8